U0129328

林明理散文集

LIN MING-LI'S COLLECTED ESSAYS

林 明 理 著

by Dr.Lin Ming-Li

文 學 叢 刊

文史哲出版社印行

國家圖書館出版品預行編目資料

林明理散文集 / 林明理著 .-- 初版 -- 臺北
市：文史哲，民 105.03
頁；　公分（文學叢刊；360）
ISBN 978-986-314-291-1（平裝）

848.6　　　　　　　　　　　　　105004339

文 學 叢 刊 360

林 明 理 散 文 集

著　　　者：林　　明　　　理
出 版 者：文　史　哲　出　版　社
　　　　　http://www.lapen.com.tw
　　　　　e-mail：lapen@ms74.hinet.net
登記證字號：行政院新聞局版臺業字五三三七號
發 行 人：彭　　　　正　　　雄
發 行 所：文　史　哲　出　版　社
印 刷 者：文　史　哲　出　版　社
臺北市羅斯福路一段七十二巷四號
郵政劃撥帳號：一六一八〇一七五
電話 886-2-23511028・傳真 886-2-23965656

定價新臺幣四八〇元

二〇一六年（民一〇五）三月初版

自　序：一個愛追夢的人

　　從有記憶開始，父親的肺癆就一直是時好時壞；北上崇光女中前，家境才逐漸好轉。初中起，我開始住校生活。好不容易等到聯考完畢，我打包行李，扛上火車；回家之途，便覺得興奮而快活。到站後，父親牽著腳踏車，馱著行李，開始滔滔不絕地對我說一切的一切，我從來沒看見父親笑得那麼開心過。懷抱著一分欣喜，刻苦奮鬥，終於以自信的笑容，踏入大學之門。大學時代該是人生中最值得追憶的時光吧！尤其是當年住校的我們，八個女生同擠在一間簡單的小斗室，總會留下許多同甘共苦的生活的片斷。

　　大學我以優異成績畢業後，又順利地直接攻讀法學碩士，畢業後，我南下得到的第一份工作，是臺灣「國科會」的專案助理研究員，計畫主持人是中山大學資管系的黃慶祥教授。他待人十分誠懇、很懂得包容，嚴格中也有慈祥的一面。在黃教授的推薦下，我鼓足了勇氣，毅然於民國七十八年報考了東吳大學經濟研究所博士班，雖然是備取第一名，但我還是很感激有此機遇。

　　在我的求學過程中，我是一個愛追夢的人，而且勇於接受挑戰，每一個階段的求學，都有不同的際遇與心得，甚而造就了我的自信心，因而在不同時期的不同職場上，都帶給我不同的經驗，

以及往前接受新挑戰的信心。從小到大，我一直都有良師在一旁督導、幫襯著我；之後，雖然順利地在前省立屏東師範學院、高雄海洋技術學院等校任教於「憲法」等課程，但那一年的學術研究，過得充實又愉快；對我而言，它激起了一種上進的喜悅，這是最值得我珍惜的。我也深悟到，惟有繼續研究，才能提高鑽研學問的興趣，才能加大學習的動力。

　　記得在高雄海專執教時，第一次對寫作發生興味，是航海科系聯代表要我提供系刊的稿件。我義不容辭，憑藉一股熱情在心頭滾流，連夜寫下「窗外依然有藍天」一文，刊登於系辦校刊物。從那時起直到往後幾年裡，又轉入其他教職後，我也寫些時事評論，來激發學生關心社會的興趣。我在各報社從事於專欄寫稿，刊載三百多篇文章後，因工作過度，緊接而來的，是身體跟著每況愈下，只好被迫離職在家休養。目前我任職於「中國文藝協會」理事及「中華民國新詩學會」理事等職，除了應邀講評及參與重要性文學藝術研討會或活動外，只專於創作，迄今出版了十五本文學著作，包括詩歌評論、詩畫及散文、譯詩集等書籍，獲得了「中國文藝獎章新詩獎」、文學博士及多次兩岸三地詩獎等殊榮。文學評論被收錄於中國學刊數十篇、海內外刊出數百篇，多次被兩岸大學生及碩士論文引用。

　　新詩作品發表約六百餘篇，其中有六首詩被收錄於《雲林縣台灣文學青少年讀本　新詩卷》等書籍。英譯詩集三本均為山東大學外語系吳鈞教授翻譯，譯詩作品發表於美國世界詩人季刊及臺灣詩刊二十多篇。近作中英法譯詩集兩本均在法國巴黎出版，由著名的美國詩人非馬（馬為義博士）及法國翻譯家 Athanase

Vantchev de Thracy、英格蘭詩人諾頓所翻譯。詩畫作品也近百次刊於報紙副刊、被收錄於山西大學新詩研究所編製的《當代著名漢語詩人詩書畫檔案》及中國詩畫刊物、期刊封面插畫等。

　　記得三年前曾在臺灣「國家圖書館」館刊物刊登書評及評論等近三十篇，是最奮進的寫作期。此外，也因文學創作而認識了1985 年諾貝爾和平獎得主 prof.Ernesto Kahan、世詩會主席楊允達博士及外國詩友等。在中國學者的支持與詩界前輩、兩岸的主編、綠蒂理事長及出版家彭正雄先生的鼓勵下，未來，期能寫出更優秀的文學作品，以饗讀者，讓生命更充實、圓融。

　　　　　　　　　　── 2016.02 林明理寫於台東新居

林明理散文集

目　　次

新詩近作目錄

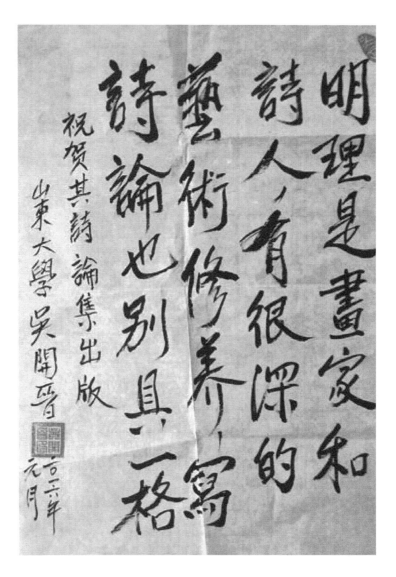

明理是畫家和詩人，有很深的藝術修養，寫詩論也別具一格

祝賀其詩論集出版

山東大學吳開晉　二〇一六年元月

山東大學吳開晉教授祝賀詞 2016.01

國 家 圖 書 館
NATIONAL CENTRAL LIBRARY
20,Chungshan S. Rd., Taipei Taiwan, R.O.C. 100-01
Tel:(02)2361-9132　Fax:(02)2311-0155

明理老師道鑒：

　　先生致力於創作，或詩作、或散文、或評論，細膩蘊藉，
清新雋永，美感深刻，影響華人社會既深且鉅，廣為讀者
大眾所欽仰。再承　惠贈畫作手稿，至為珍貴，隆情高誼，
無任銘感。謹肅蕪箋，再申謝忱。耑此

　　敬頌

時　綏

　　　　國家圖書館館長　曾淑賢 　　　敬上

民國 103 年 3 月 26 日

圖 1.臺灣「國家圖書館館長」曾淑賢博士 2014.3.26 勉字。

圖 1.臺灣「國家圖書館館長」曾淑賢博士 2014.3.26 勉字。

圖 2.臺灣《臺灣時報》2015.08.09 刊登「文學名家大展 21」收錄林明理作品散文一篇、新詩 6 首、水彩畫作 5 幅及攝影照 1 張。

圖 3. 2015.11.6 林明理與 1985 年諾貝爾文和平獎 Prof. Ernesto.
Kahan 於 2015 年世界詩人大會在花蓮和南寺舉行開幕典禮上
互贈了詩集，作者贈予《山居歲月》英譯詩集並收到 Kahan 新
詩集《Suggestion》。

圖 4.Dr Lin mingLi/prof Ernesto. Kahan/Dr. M. Rajaram 印度學者
/2015.11.6 世詩會
—— 本攝影照刊於美國（亞特蘭大新聞），2015.12.13. B.8.版

林明理詩文刊登於報紙的繪圖作品及攝影作品

圖 5.鞏伯伯的菜園子

圖 6 山居散記

圖 7.在匆匆一瞥間

圖 8.初鹿牧場記遊

圖 9.意外的訪客

圖 10.都蘭紀行

圖 11.秋在花蓮

圖 12.布農部落遊踪

圖 13.阿里山記遊

圖 14.山裡的慈光

圖 15.赤柯山散記

圖 16.生命的樂章

圖 17.野薑花的回憶

圖 18.宋伯伯的五彩饅頭 /
　　　鹿野綠色隧道

圖 19.不凋的欖仁樹

圖 20.紅葉部落之秋 1

紅葉部落之秋 2

圖 20-1.冬日巒山

圖 21.詩 / 月河行　　　　　　　　圖 22.詩 / 縱然剎那

圖 23.詩 / 你的微笑－給 Athanase Vantchev de Thracy

圖 24.詩 / 陽光下的時光

圖 25.詩 /冬日湖畔的柔音

2015 年全国诗书画家创作年会

获 奖 喜 报

尊敬的林明理同志：

您好！为贯彻落实习近平总书记在全国文艺座谈会上的讲话精神，总结 2015 年度全国诗书画家创作成就，展示 2015 年度所涌现的诗书画新成果，推动诗书画创新发展，繁荣当代诗书画创作，努力实现中华民族伟大复兴的中国梦，由中国硬笔书法协会对外交流委员会、中国诗书画家网、羲之书画报·诗书画家等主办的 2015 年全国诗书画家创作年会，得到了中外诗书画家的踊跃投稿，有诗书画大家的最新力作，也有诗书画新秀作品，真正反映出当代诗书画的辉煌成就。您寄来的作品

《   梦见中国   》（稿号：**B2654**），经相关领导、诗书画家组成的评委会分组评审，以较高艺术水准脱颖而出，**荣获 2015 年全国诗书画家创作年会 二等 奖**，特此通知，谨致祝贺！

2015 年全国诗书画家创作年会作为国家级品牌文化活动，自开赛以来得到全国媒体的大力支持，《中国书画报》《书法报》《美术报》《书法导报》《中华诗词》《新华网》《人民网》《中国广播网》《光明网》《中国青年网》《中国日报网》《中国网》等中央、省级媒体对创作年会进行了宣传报道。

为庆祝这一文化盛事，组委会定于 2015 年 12 月 25 日至 28 日在首都北京召开"2015 年全国诗书画家创作年会"。**颁奖典礼将在人民大会堂宾馆隆重举行**，由中央部委老领导、评委专家向与会获奖诗书画家颁奖！高标准、高档次、高规格的颁奖典礼将以巨大的影响力展显创作年会不同凡响的创意和规模。更彰显了本次活动的权威性、严肃性。这将是您人生历程中最浓墨重彩的一笔，最值得永恒纪念。**并在北京大学召开"2015 年全国诗书画家交流研讨会"。**

欢迎您准时参会，尽享荣耀，留下美好的时光。组委会将以饱满的热情迎接您的到来！

更多本届评奖活动和往届颁奖盛况，请浏览官方网站：中国诗书画家网

特此报喜！

北京，2015 年全國詩書畫家創作年會，新詩（夢見中國）獲「二等獎」，
頒獎典禮在 2015.12.26 人民大會堂賓館舉行。

2015.12.10 獲 "張三豐杯‧詩畫邵武" 優秀獎

前　　言

法國　Athanase Vantchev de Thracy

　　在這本選集裡，著名臺灣詩人林明理博士以高超的技巧與對自然世界的關切，專注於兩個主題：第一，她的物件幾乎不會覺察到的空靈的愛，其次，她熱情生動描述的她的家鄉臺灣這島嶼的美。這兩個主題構成了詩人的想像宇宙的兩極。

　　林明理博士的寫作強調的是視覺和感覺。高山，如詩如畫的山谷，多彩多姿的小丘，以及從我們眼前經過的這島上的動物和植物把我們迷住了。她歌唱的世界就像隨著風雨起舞的芭蕾。河流和海洋的水齊聲對她的靈魂歌唱。異國的情調漂浮在一個魔法的氛圍中。每首詩是一道風景，時而燦爛，時而憂鬱，最有力的感覺和感情於焉產生。

　　林明理博士的詩中擁有大量美妙而獨創的意象。它們是那些美麗畫作的言辭化，而中國藝術一向長於此道。

　　就像她那些華麗的水彩畫，明理所有的詩風景都擁有一個照亮它們並使它們崇高的靈魂。語言的藝術和圖像的藝術在那裡產

生了一種神聖的共鳴。

　　是的，林明理博士已榮獲繆斯賜予的書寫和繪畫的天賦。

　　翻譯她的作品對我來說是一個巨大的喜悅和特殊的榮幸。

Athanase Vantchev de Thracy 2015 年 12 月

　　（序文取自 Athanase 翻譯林明理的譯詩集（默喚）前言，Athanase 是世界詩人國際運動組織的會長和日內瓦的環球和平大使，法國外事部的桂冠詩人）。

Préface

Dans le présent recueil de poésies, la grande poétesse chinoise Dr. Lin Ming-Li évoque, souvent étroitement et fort habilement entremêlés, deux thèmes, un amour éthéré dont on se sait presque rien et sa patrie, l'île de Taïwan. Elle décrit avec une passion vibrante les beautés de sa terre natale. Ces deux sujets sont les deux pôles de l'univers magique de la poétesse.

Les textes du Dr. Lin Ming-Li sont essentiellement visuels et sensuels. Les monts, les vallées pittoresques, les harmonieuses collines, les plantes et les animaux de l'île défilent devant notre regard envoûté. Le monde qu'elle chante semble danser un ballet au rythme du vent et de la pluie. Les eaux des ruisseaux et de la mer chantent à l'unisson de son âme. Des parfums exotiques flottent dans une atmosphère enchantée.

Chaque poème est un paysage tantôt resplendissant, tantôt mélancolique, d'où naissent les sensations et les sentiments les plus forts.

Il y a dans les vers du Dr. Lin Ming-Li des jaillissements d'images splendides et hautement originales. Elles sont la transcription en mots des plus belles peintures dont l'art chinois a toujours été le représentant le plus accompli.

Comme ses magnifiques aquarelles, les poèmes-paysages de Ming-Li possèdent tous une âme qui les illumine et les sublime. L'art de dire et l'art pictural y vibrent dans une union sacrée.

Oui, le Dr. Lin Ming-Li a reçu en don céleste des Muses le verbe et la peinture.

Ce fut une grande joie et un privilège spécial de traduire ses ouvrages.

Athanase Vantchev de Thracy

Translation of the English Preface

In the present collection, the celebrated Chinese poet Dr Lin Ming-Li focuses on two themes, often combined with great skill and evoked through close attention to the natural world. These themes are, first, an ethereal love of which her subjects are barely aware, and, secondly, her homeland, the island of Taiwan, whose beauties she describes with lively passion. These two subjects form the poles of the poet's imaginative universe.

Dr Lin Ming-Li's writing emphasises the visual and the sensual. Mountains, picturesque valleys, shapely hills, plants and animals from the island hold us in thrall as they pass before our eyes. The world of which she sings is like a ballet danced to the rhythm of the wind and rain. The waters of streams and ocean sing in unison to her soul. Exotic scents float in an enchanted atmosphere. Each poem is a landscape, sometimes resplendent, sometimes melancholic, from which the most powerful sensations and feelings arise.

In Dr Lin Ming-Li's verses there are spates of splendid and highly original images. They are the transcriptions into words of those beautiful paintings of which Chinese art has always been the most accomplished representative.

Like her magnificent watercolours, Ming-Li's poem-landscapes all possess a soul which illuminates them and renders them sublime. The art of the word and the art of the image resonate there in a kind of sacred union.

Yes, Dr Lin Ming-Li has been privileged to have received the gifts of both written and pictorial aptitude from the Muses.

It has been a great joy and a special privilege for me to translate her work.

Athanase Vantchev de Thracy December 2015

一、散文集

1. 鞏伯伯的菜園子

這兩年，台東新站前的一戶戶人家、一棟棟民宿，如雨後春筍般興起，被高大的小葉欖仁樹掩映著，露出一大片青空和電線桿上的雀鳥。

鞏伯伯家住在離我透天厝不遠處。他是政府遷臺後的榮民，安排在此定居。他的菜園是方正形的，有一二十坪大。內裡種著玉米、地瓜葉、芋頭、青蔥、香蕉、木瓜、甘蔗、南瓜、龍眼、柚子等果菜和鐵絲網的圍籬。園子前方有卑南溪，後面是綿延不絕的中央山脈。

伯伯屋前是一條三十米的大街，鋪上柏油路面，人行道上長著一整排的高樹。兩側是居民的住宅，菜園就夾在新建的住宅與民宿中間。每一晨昏，伯伯夫婦就一起在園裡勞動、穿梭。

上週的一個早晨，八十五歲的伯伯忽然走得很慢，也很艱難。顯然，白內障開刀是不舒服了些。鞏媽媽牽著單車急急地朝我方向走來，惶惶不安地，好像一個迷路的孩子。看得出，她很煩惱，

也很焦慮。我似乎意識到伯伯的病疾,而鞏媽媽的雙手破皮、流了血,也讓我心疼不已。

我低頭尋思了一會兒,轉身回到廚房,把冰箱裡的水蜜桃小心地藏在一袋子裡,又飛快地到菜園去。

「鞏伯伯!鞏媽媽!」我站在園子門口招呼著。他們應著。伯伯臉上有獨眼罩,銀白的髮上永遠戴著鴉舌帽,愁苦的眉下竟帶著兩朵笑。這四月的熱天,伯伯還是穿著背心跟雨靴呢。我看到菜園裡的水珠在陽光下豔豔地亮。我想伯伯的笑都留在那葉面上了。

我常盼望地瞧著他們倆勞動的背影,樣子顯得有點兒傻。鞏伯伯是六十幾年前來到卑南鄉的。他本來住在幾里外的眷村,在附近的監獄所做事,平日省吃儉用的,退休後,才買下這塊園子。聽說他的一個兒子在某一天裡意外地去了。留下一孫兒陪伴著他們又苦熬了些年。如今,孫兒也在機場工作了,還挺孝順。再後來,這一帶的房地都漲價了,一塊塊地皮都蓋了樓。伯伯也投資了幾筆房產,賺了些錢,才換得衣食無缺。

每天,一大早,他們倆都到菜園裡去。伯伯有些耳背。回去了路上,他在植著欖仁樹的林蔭路上慢慢地騎著,騎得很慢很慢。馬路上的卡車、機車、汽車在他的身邊鳴著喇叭飛來飛去。初夏的陽光照在這位老榮民的身上、臉上,感覺中四周是那麼地白亮。

某日午後,門鈴一響,鞏媽媽來了,手裡拎著一個袋子。她把袋子放在我手上。我打開,開心地看到三顆大木瓜。她一邊自

言自語地說：「還很青綠呢，等放幾天再吃吧。」又遞給我一把紅辣椒說：「伯伯不愛吃辣，妳留著吃吧。」我知道，是他們的友情使我的眼裡湧上了淚。

記得我二月剛搬來時，曾邀請他們來家裡喝紅烏龍茶、吃太陽餅。他們都神采奕奕地東瞧瞧，西看看，為的是湊份新鄰居的熱鬧。家的庭院外還擺著鞏媽媽送來的兩盆蘆薈和豆苗。從窗臺望出去，看得見對街伯伯的家，馬路上的行人，和遠處的田野、木麻黃、牽牛花，湛藍的天。

這裡的夜極靜。我閉著眼，想著白光裡他們夫婦攜手同心的那片園子，是啊。這裡是很美很美的，山是青的，水是綠的。雲彩在天上夢幻地飄啊飄，魚兒在水裡快樂地遊。路旁滿是野花、草蟲，還有純樸的民情……

我常在長長的午睡過後，就開始寫作，直到下午五點多，社區裡的人就陸續回來了，下班的、放學的、做工的，運動的，還有旅客們，開始熱鬧起來。也看到伯伯熟悉的身影在歸途，他們夫婦之間彷彿有著隔世的默契，總是默默地勞動、做無聲的談話。

日子似流水般的過去。今年的春寒去得慢。已初夏，又飄了幾場雨。風輕輕地吹著，路邊樹上的欖仁葉幾乎新綠了，花粉伴著風到處飛散，空氣中有股草香的味道。有隻母狗，縮在對街屋簷的角落，身子一顫一顫。

今晨，我帶了日本製的排便藥到菜園找伯伯。他勉強睜開了

眼，看了看我，聲音很輕地說：「我這第一次開刀啊，……」他竟很真誠地對我說了些話。我看到，鞏媽媽向著我走來，手還拎著地瓜葉要我帶回吃時，風吹著她的頭髮，幾乎是根根皆白了。她朝著我感激地笑笑，樣子近乎可愛。這時，陽光從葉縫中照下來，照著興安路二段，照著我的院子，也照著鞏伯伯安靜的菜園……　　　　　　　　　　　　　　　　　—— 2014.4.24

—— 刊臺灣《人間福報》副刊，圖文，2014.5.13 /
《臺灣時報》臺灣文學版，圖文，2014.5.4.

2.山居散記

　　五月四日，這是怡人的初夏。陽光正從格子氣密窗射進來，書房一片溫馨。這時，電話響了，是對街鄰居阿嬌姐的聲音：「該出發囉！」「O.K！我馬上出門。」我興奮地說完，匆忙拿把傘，匆忙站在街角等候。

　　半分鐘後，我們已直奔富岡漁港的台11線。公路上，前方有許多自行車競賽的鐵人一直急駛著，阿嬌姐好像特別開心，邊開車邊解說「三項鐵人」的由來。每年總有數千位選手前來台東森林公園，首先到「活水湖」游泳，上岸後再騎越野車，最後還要比賽長跑，煞是熱鬧。我呢，一邊靜靜地聽，一邊跟著呵呵笑了幾聲，沒來由地跟著她高興。

　　阿嬌是道道地地的旗山人，今年已61歲。她自衛生局退休，照料多病的先生多年，毫無怨尤。在我的印象中，她天生就是個樂天知命的女人，什麼愁苦到了她眼前，就沒影兒了。她是我新認識的摯友，臉上總是笑瞇瞇的，皮膚白得似雪，微胖了些。

　　也就是中午光景吧，這富岡的港口格外的靜。阿嬌姐找到了熟識的「特選餐廳」。飯桌上馬上擺滿了炒米粉、玉米雞、筍湯、清蒸魚、野菜山蘇及苦瓜鹹蛋等。從各地來的遊客，也都聚到這

兒桌邊來了，廚房裡透出一幅熱鬧忙碌的景像。我看著這滿桌的菜香，以及阿嬌的盛情，心底湧起一股莫名的感動。

「噢，這桌我準保好吃呦。」阿嬌姐一幅成竹在胸的樣子。我說當然。每個食客都興高采烈的，餐廳裡也其樂融融。原來平凡中的幸福就是如此。在台東，時間是那麼充裕，我寫作的生命正處於轉折期。雖然我希望沉靜的生活，也喜歡獨處。但每逢清晨五點，除非是有雨的日子，我們倆總愛在新站前走過來又走過去，沿著那一棵棵綠蔭下、紅磚路、行道旁，那是我們最愛散步的地方。

飯後，在我們轉向「成功鎮」的路上，聽阿嬌姐說起它的舊名是「麻荖漏」，後名為「新港」，戰後才更名為「成功」，它可是東部最大的漁港。約莫又過了十幾分鐘，在農特產中心的省道旁，一片花海任微風吹拂，那是舒坦而最美妙、最自由想像的時刻。

我偷偷溜開，跑去買了兩枝冰棒，也參觀了咖啡工坊。最後，我們來到口耳相傳的八仙洞，阿嬌姐同時也對我訴說了它的故事，關於它位在台東縣長濱鄉三間村一座面海的峭壁上，是重要的史前遺址，有自然形成的十數個海蝕洞穴呢。在那一瞬間，我動心於它仍然的靜謐、神秘，欣喜於灰藍的海面，這一道獨特的風景。當我抬頭的時候，看到了一艘極小的輕舟在海面上奔馳著，在這麼廣闊的寧靜中，忽隱又忽現，這個景像使我想起凌空仙鶴 —— 優美又渺小。如果可能，我但願醒著做夢，直到被遊憩區伴唱的歌聲吵醒。

　　果然，一場雨便使大海灰了許多層。穿過許多大道及橋面，驅向回家的路時，已經午後三點。我可以更感受出週遭空氣裡的純淨來。雖然，我們在長濱鄉的時間並不長，但回程時仍繞到一間販賣「杯子蛋糕」的店舖，順便買了些剛出爐的紅豆麵包。因為我們並不急著趕回，我到郊外看海，是因為在大自然中確實有真與莊嚴之物，而時間將永恆停駐於美麗的一刻。

　　走過山居歲月裡的第一個春天，在這裡，好像獲得了一種全新的體驗以及有價值的生活。在濛濛的今夜，除了偶爾有捕蚊燈的觸擊聲之外，什麼也聽不見。此外，吸引我住到新站的原因之一，是我可以有許多機會親近於山海、對大自然做更細密的觀察。

　　這五月梅雨天，涼氣襲人。院子裡的楓樹、花旗木、酪梨和其它香草，還有剛剛在草坡四周的茉莉花兒都猛冒出新芽，像雨過彩虹般給地貌增添一抹光亮。不久以前，我還聽到了門前欖仁樹上築巢的鳴唱和撲動的翅膀，悅耳、活潑而陶醉……

　　啊！我讚美，感謝這些美麗的早晨，讓我找回自己失而復得的童年，以及不斷前進的激情。感謝珍貴的友誼，讓我不至於孤獨，使我察覺到東部有未經開發的原始美及純真。而未來，這慢慢航程，已充滿希望，也將與這山海之城融合在一起。我期待，新的轉機和閃亮的繁星。

── 2014.5.5 作

── 刊臺灣《人間福報》副刊，圖文，2014.06.05

3.在匆匆一瞥間

　　六月初八下午兩點，奔馳的熱望沒由來地在跳動。

　　終於，不可抵抗的衝動驅趕著我，也顧不得山雨欲來，窗外一團團霧靄盤踞在茫茫伸向深谷的凹處。卑南鄉上空似乎凝縮成一種憂傷的藍調，在台東縣最古老而神秘的縱谷中靜靜地沉思著。

　　始終無法鮮明地記住這片遠山的輪廓。但我記得，有一次，沿台九線而行時，我打開車窗，端視著這一條長達兩公里、種植著上百棵茄冬樹的綠色隧道；前方呈現一片綠意和靜謐的幽亮，在風中漸漸消隱。

　　而省道旁除了田園景觀富於變化之外，花東縱谷是以純真的原始景象見勝，迎眼而入，到處都充滿果園、稻田、牧場、休閒農場、油菜花田等景點。尤其是最近這幾年，六月至八月，鹿野高台熱氣球季節到來的魅力，總是令人讚嘆與驚喜。這裡，也孕育了許多世代在此生活的原住民，共同豐富了縱谷區內那種深厚的人文情懷。

　　那時，我從樹縫間還可以看見西側有高聳而寬廣的中央山脈，東側是山勢陡峭的海岸山脈。也曾經一路直達到伯朗大道與天堂路的交叉口前。果然，「金城武的那棵茄冬樹」比想像還具

風光：有和小孩在拍攝的十幾個旅人；有駛向池上平原的接龍車，整齊地排列著；有無盡的晴空襯托著一望無際的稻田、連綿起伏的青山以及火紅的夕顏……

最後，我也走到那棵大樹下，很自在地接受了大自然的饗宴。當然，這是一個新的體驗，但我了解到為何池上米在我們心目中是可以信任的，對於池上農民樂於種稻的智慧是應該尊敬的。這片欣欣向榮的圖景像空氣那麼自由 ── 我突然張著嘴笑了。然後，我躺靠、置身在翠綠的田野間。那次，正是舊曆大年初五，暮色蒼蒼中，稻浪飛舞的季節。

而這回，我們從岩灣路出發，路經監獄，再蜿蜒而上，環境極為清幽。從初鹿下山連結省道前，地勢忽然平緩。遙處山巒之上，卻一片灰濛，可見雨勢澎湃，所以原是熱鬧的景區也一片寂寥。雖然天空沒有一絲雲霞，但山裡的風霧也擋不住草樹的生長。臨近的原生應用植物園區內，有觀景棧道、綠動廣場等等，高樹都爭著探頭，而且有頗多不知名的花草，親子牧場上也填滿了綠色，深淺不一地波動著。

六月的卑南鄉，安靜地發散出無瑕的亮光。就連峰嶺上的飛霧也像巨龍般蟠臥著，覆蓋在起伏不定的利吉惡地上。而我們又繼續前進，在做回顧的道別前，我忽然閃現一抹好奇心，催促著先生開車再順路到著名的卑南包子店，特別選購了十粒筍包。果真，每嘗一口，都特異感動。

趁著天色未暗前，我撐把大綠傘，冒著微雨，緩緩地走在卑

南文化公園的大草坡上 —— 然後停下來諦聽。雨輕輕地跟著我走，區內的綠浪漾在空。這樣廣闊的空間內，竟空無一人。在景色的空虛中，我並不驚奇，因為我向後看著這綠意，並且為其原始的韻律感到高興。好像期待那充溢著對卑南鄉這原始感情的靈魂而呈報給我某種答案。返抵家門，已近六點。

夜來了。此刻，雨勢愈甚。和夜的來臨同時，我奇異地對今日的一切感到十分舒慰。因為，生命中總有一些時刻，在湧回這一段匆匆一瞥間的記憶深處 —— 你知道的。那裡，它來時如夢，像霧，悄悄地，而存在於一切的真實中。

—— 2014.6.8
—— 刊臺灣《人間福報》副刊，2014.6.30 圖文

4.難忘的畫面

　　一個悶熱的黃昏，窗外沒有一絲兒風，也沒有飄下濛濛細雨；我無聊地打開電視，正巧播出了溫馨的專輯，立刻吸引了我的視線……畫面一開始，只見群山蔥綠的山坳裡，那山麓以下，青翠欲滴的果樹，在蔚藍的天空下，看了確能使人神往。

　　那天，阿嬤第一次參加了幼稚園舉辦的母親節慶祝活動；當小孫女把一朵粉紅的康乃馨親手獻給她時，祖孫倆不禁相擁而泣、悲從心來。原來是她的媳婦因債務自盡後，兒子悲慟逾恆，最後也選擇離開人世了；於是，這戶座落在花新竹縣尖山口旁的原住民人家，阿嬤以栽種水蜜桃維生，就背負起辛苦地撫養三個遺孤的責任。

　　更不幸的是，天有不測風雲；水蜜桃樹的葉子，經不起連日來暴雨的摧殘，已經零落了，只剩下許多青澀的果子掛在上面。阿嬤只能無語對蒼天，在兒媳的墳前嘆嘆氣；迎著風，阿嬤輕輕地抱起小男孫，流著無聲的淚，黯然地走到了山路的盡頭…．

　　回到窄小的家中，阿嬤為了給孫女慶生，特別準備了大蛋糕，還摘了紅的、白的一些香花送她；在黑暗的燭光中，小女孩高興地吹熄了蠟燭，愉悅地吃著巧克力蛋糕。十二歲的小壽星幽幽地

說：「爸爸，我已經原諒您了，您可以放心的走了；到了天上要好好照顧媽媽哦！」

　　最小的男孫也跟著雙手合十地祈禱：「媽媽，我會乖乖聽阿嬤和姐姐們的話。」一旁自父母去世後，就不曾開口說話的老二，也若有所思地默默禱告。

　　第二天，天微亮，阿嬤到果園整理去了，姐妹倆會幫忙收衣架上的衣服；天真的小弟弟用嘹亮的歌聲高唱著童歌，一邊抓著一個破舊的娃娃在空中舞著，笑著唱：「泥娃娃、泥娃娃、一個泥娃娃…我做他爸爸、我做他媽媽，永遠愛著他…」

　　旁邊還有他心愛的小黑狗陪著他、快樂地搖尾巴。

　　看完後，眼前模糊，隱約地聽見先生在廚房裡傳出：「大家快過來吃愛玉仙草冰囉！」我才深感到，自己有多幸福！「咦，妳又看了什麼？又哭啦？」先生取笑我。「沒有啦！不准笑。」我故意大口大口地吃冰，心卻有些檸檬味…

　　　　　　　　　　　　── 刊臺灣《人間福報》，2010.5.2

5.善待家人

　　記得我家大女兒唸七賢國小美術班時，有一回我應邀參加班聯會，穿著一襲平日教書的米白色套裝；沒想到，她的同學紛紛地說：「妳的媽咪好年輕喔！」自外表來看，我似乎有著自信的新女性特質，內心也頗具藝術文學的才思。但真實的家庭版中，婚後的我，逐漸地變得有些唸叨，不像以往說話那樣簡潔有力；偶爾也會拗扭使性子，先生還得充當出氣筒。

　　在我的印象裡，婚後的先生總是按時下班，他從不吸菸、不擅於喝酒、也無不良嗜好；就連理髮都是到眷村區，崇尚簡約式平頭：一百二十元的全套服務。說起話來，溫和又端正，也會幫忙洗碗拖地；對我十分包容又大方，對小孩更是疼愛有加。

　　時光不停的疾駛，回頭望去，結婚迄今快二十二年；我對小孩似乎要求接受我嚴格的教育比受呵護的日子多得多。她們倆確實是名列前茅的好孩子，每次給我的愛心卡片，盡是滿滿的祝福；我的心也感到無比的安慰。

　　反思自己，有時，真是個不講理的「牛」媽媽，任性又倔強。但是，最近，勤學佛事後，我慢慢懂了；保持有愛心的覺知，才是修行的最高境界。往後要收斂起毛燥性子，善待我親愛的家人。此刻，我的心充滿了實實在在的幸福。

　　家有妙管爹，真好！　　　　　　　　── 2007.04.04 作

　　　　　　　　　　　── 刊於臺灣《人間福報》，2007.8.17

6.糖蛋的祕密

　　記得童年，父親已有了當時無法根治的肺癆，但生性樂觀的他，口中從不埋怨；母親辛勤地外出工作，以維持生計。有一天早上，父親從病床起身，忽然想起以前在日本大學唸書時，經常吃到的三色蛋；他吩咐我上街去買一大盒蛋回來，然後他一顆顆地打下去，還一邊炒，一邊加了好多砂糖。

　　糖蛋端上來了，我表現得特別乖，端端正正的坐在自己的座位上，父親好像對他的招牌蛋特別有信心，神色是怡然自得。我大大地夾了一塊放入口中，果然散發出濃烈的蛋香，還有糖粒喀吱喀吱地響；父親蒼白的臉上，泛著一股令我心疼的崇敬。

　　以當年物資的貧乏，吃糖蛋是一種高級的享受，尤其那是父親生病時最喜歡吃的東西，卻更是可珍呢！父親笑瞇瞇的摸著我的頭，輕聲地說：「妳就當作今天在家裏過年，我們倆一次吃下一整盒蛋，媽媽回來時，妳可不能嚷嚷啊！」我詫異的問：「為什麼？」「家裏，當然是媽媽最大囉！妳媽媽可不希望妳一餐吃下那麼多顆雞蛋呢，這是我們的秘密。」他哄著我說。我高興得合不攏嘴，並滔滔不絕的向父親說著自己的願望，我希望每次考試都得第一名，就可以吃到父親的糖蛋；父親和我相視著笑了起來。

　　屈指算來，這已經是四十年前的事了。童年的歲月雖然已隨著時光流逝得無影無蹤，然而，父親生前為我親手做糖蛋的記憶，卻深深地讓我永存心底；只有我自己知道，對父親這份感情有多麼深切。

　　—— 2009.11 作

　　—— 刊臺灣《人間福報》，2009.12.06

7.初鹿牧場記遊

　　七月六日，無懼酷暑難當，驅車沿著台九線而行，兩側綠樹蔚然，約莫十餘分鐘才到初鹿牧場。

　　果然不負台東觀光景點之所譽，入口兩旁，間有夏蟬、鳥鳴，撲面而來的是怡人的芬多精。隱隱約約的，還有孩童爭相在彩繪牧牛的背上拍照。陣陣嬉笑聲，給人舒坦而親切的溫暖感。

　　這裡的步調很緩慢，它是全台最大的坡地牧場。位置在海拔二百至三百九十公尺處的高台地上，距離台東並不遠，僅十八公里，面積確有七十多公頃。牧場內種植了大面積的熱帶盤固拉牧草作為乳牛的食草，如登上放牧區的觀景台，就可看見一望無際綠油油的牧草地，而這種清新之美卻是其它的休憩場所少有的。

　　行不遠，有馬棚。駕著白馬的導遊帶著一批批旅客穿梭在林蔭小徑，躂躂的馬蹄聲，竟不自覺地喚起了童年的純真……沿木道，幾株粉紅玫瑰特來相迎，我來回漫步了一段距離。花徑盡頭的「香草屋」是一間景觀咖啡廳，裡面擺滿了牛奶糖、鮮奶薄餅、檜木公仔、小陶碗及手工皂等商品。地板的透明玻璃下，居然有紅錦鯉悠遊其中。屋後設有露天座位，「放空亭」的風景也十分醉心。

　　沿「迷糊步道」的鵝卵石階而下，竟又豁然開朗。一棵棵大蕨樹、野芋葉上，有許多白蝶、黃蝶，在變葉樹旁周旋。竹林幽幽，流水潺潺。在樹枝交錯的光影下，遠方的梯田、層峰如波、還有一片藍藍白白棉花糖似的天空。忽地，一團迷霧騰空而降，恰像一條飛蛇，在高峰半中腰裡盤旋。

　　我倚著大落地窗前 ── 然後停下來聽著，讓薰衣草奶茶的香味涼透心脾。幾隻大鳳蝶飛翔在花與樹之間，俏皮的蜻蜓也停在蔓藤的綠葉上……不遠處，一整排的大葉欖仁樹下，有五部大型遊覽巴士、及多部小汽車，整齊地停在鐵線草坡旁。

　　沿著商店街而行，滿樹金黃的阿勃勒花落後，結成長棍棒狀不開裂的黑褐色莢果，花瓣正隨風如雨落，煞是浪漫。走入一原住民木工坊，門前樹下有手工製木馬，總是吸引著小孩兒趨近玩騎。最吸引我的是，一把木雕的獵刀套，刀背有排灣族的百步蛇，刀柄前則刻有帶著微笑的祖靈圖案。看著看著，不禁油然而生敬慕之情。

　　出了工坊，即抵噴泉廣場，一隻石雕螃蟹立在兩石之上，正守望著一群戲水的孩童。可愛動物區的景觀餐廳，門口有彩繪圖製的小噴泉。而滾草區旁，有幾位小孩在玩電動車。轉向之後，才見一大片如茵的草坡上，有一排雪白的圍欄、朱紅的屋宇，在藍空綠野襯托下，有幾隻棕色的馬兒低頭吃草，彷若置身歐洲。

　　我站在高處，望著一群在廣大的草地裡自由奔跑的旅客，他們踏著柔軟無比的大地，頭上頂著無涯的天空。更遠處，是卑南

溪的出海口，在陽光下敷覆一層薄銀──而太平洋始終如一的平和。另一邊的大樹叢背後，也看得見海岸山脈。那一片巨大森林的邊緣，具寧靜安詳之美。

　　一隻綠蜥蜴棲息在樹幹上，竟好像完全遺忘了周遭的危難。所有的這一切都顯得偉大、熱切而寂靜。我漫漫的想著……時而聽到的遊客交談聲也是一種肯定的愉悅。

　　大自然的景物，有其理由，也必有某種意義。非身歷其境，實難以描繪。據友人告訴我，初鹿牧場在前年，將上百棵的河津櫻嫁接富士櫻，已能開出繽紛的粉紅花朵了。而在櫻花步道的盡頭，更有一大片油菜花田。此刻，我奇異地對明年春天感到非常確定，會再來吧，仍可以感受到另一份驚喜的。

　　　　── 2014.7.7
　　　　── 刊臺灣《人間福報》副刊，圖文，2014.7.25.

8.母親與我

在我一生的居處中，當屬雲林縣莿桐鄉的一個小小村落最令我感到一種刻骨銘心的感覺，並始終在我夢裡縈迴萬千。這個村落位於濁水溪畔，在臺灣本島雖然不怎麼出名，據我所知，全村戶數也只有一千多個。然而，秀美樸真，對於一個從小喜愛夢想的女孩來說，真是嚮往極了。因為，就算我是命中註定要從小就離鄉背井又輾轉成為孤獨寫作的詩人、學者，我也始終相信冥冥之中總有因緣這樣的想法。也只有這種念頭，我至今對世間抱有如此多情而未曾在每一段經歷過程有過悔恨。

比起許多村景來，我的家鄉似乎要單純一些，也要沉靜一些。沒有什麼會喚起我對童年痛苦的記憶，而那些鄰居又是那麼善良溫柔，不會嘲弄或冷落了我。然而對於一個喜歡滿心沉醉在鄉野之中的我來說，哪怕是家裡只有十幾坪，空間不大，也還勉強糊口。只要有母親的誇讚說道：「好乖啊！好乖啊！明理。」我便忘了憂愁。

和村裡的多數窮小孩一樣，我的童年少了錦衣和物資，但卻有著更多自然的蒼翠，更多的青天和自由，我也照樣能悠然地繼續做我的夢。我常在晨間搖起露珠兒採訪我鍾愛的花木……風替我加冕了片片草葉的芬芳，我就跟著莊稼的勞動聲，游進靜謐中。

事實上，更多生活的種種磨難，也就存在更多深深淺淺、迭宕相連的懷思。

記憶中，母親的微笑像幅半完成的畫，永遠保持一份矜持與淨潔。她是個傳統而守舊的女人。從最早的記憶裡，家中環堵蕭然。倘若逢到下雨天，就要用鐵筒接漏地板上潮溼的泥窪窿。還有些時候，得到街頭找米店伯賒點兒米度日。那時我不到五歲，母親為了改善生計，二十初頭就到西螺鎮上堂伯的醫院當幫傭，負責煮飯的工作，久久才回家鄉一次。

當時，父親的肺癆一直是時好時壞，經常劇烈咳嗽、吐血痰，那是很痛苦的時刻。而幼小的我只能在一旁，拍著他的背，拿張紙巾搗住嘴，讓他吐出一大口痰來。咳停了，父親才勉強擠出一個微笑。父親常告訴我，做人要有正義感、要熱忱。正因為他的叮嚀，在我遠離他鄉求學期間，才能隻身在外不被外界的波濤所震撼，也不為社會的聲色所迷惑。

父親在村裡是個土地代書，曾漂洋過海到日本早稻田大學讀書。當他身子好些時，就會在木桌上辦些事務、教我識字。那張書桌也是我的最愛。它樸拙而簡單，上面有些筆紙、一把算盤和一本本供我靈感來源的書和圖畫簿。

父親也經常騎著鐵馬，沿著公路旁，邊騎邊喘地載著我到西螺鎮上去找母親。當我用雙小手緊緊地環抱著父親瘦弱的腰身，總會幻想著：只要再等一下，我就可以會到媽媽了。她會從那新奇的大冰箱裡拿出什麼給我吃呢？是冰涼又甜的西瓜嗎？還是會

張開手臂抱向我？突然間，在我幼小的心靈裡，我也感到好孤單寂寞；得見到了媽媽，才有十足的安全感。她總是會摸摸我的臉、掐掐我的鼻，要我的腦袋瓜兒不要胡思亂想，而是要讓我展望未來、做好功課。

　　印象中，父親未曾因病痛而掉過一滴淚。但是，出嫁的那天，父親幫我蓋上頭紗，我看到父親臉頰滴下了淚水……那是真愛的淚。我永遠也忘不了，也感謝父親對我的栽培。後來，投入大學教書並誨人不倦，要歸功於父親的影響。然而，人生總有笙歌散盡的時刻，父親過世，是我生命中最感悲傷之際。我常想像著，他的安息地，林蔭綠草，鳥語花香，是否也在天堂的一方俯視著我？眷顧著我？於今，所有的記憶都還在，父親仍活在我的心中，時時鼓勵我，也給予我磨難時的勇氣。

　　而母親總是天光未開前就起床整理家務與農事，對我更是嚴格的家教。當我做錯事時，她會流著淚，用藤條在我的手心或腳背打上幾下；最是令我起敬起畏。在我幼小時，雖然跟媽媽有幾年短暫的別離；但是，等到父親病情好轉，母親也就回到家中，重溫了親情。

　　我最為快慰的是，跟著母親每天種菜和耕田，還圈養了十幾隻小雞。田地雖小，然而各式各樣的作物隨著季節變化而紛呈眼前。肥沃的土地上，種滿了玉米、蕃茄、豆類及蔬果，我經常靜默地跟在母親身旁。看，露珠像明珠似的掛在瓜棚，笑看著天空。看，公雞在跳躍，跳在泥牆邊、跳在綠竹旁，跳在田間，跳在污泥上。一股稻草甘甜的清香，在空氣中凝聚……

　　青煙升了 ── 一縷縷同爐香似的，那是母親在廚房忙碌的背影。啊，我熟識。那曾經飛翔回鄉之夢，忽湧到心頭。不過，我最常幹的還是幫母親送茶水到田裡、到溪畔幫洗衣。我也常在田埂行走，釣青蛙，撈捕風的腳履兒，深一步，淺一步，讓時光的蜻羽輕輕凝固……

　　自年輕時候起，母親的堅強正是我學習的好榜樣，才五十歲，那風霜的臉就佈滿了皺紋，還強忍著痛。而她眼底的溫柔，早已繫住我所有的懷念。母親把一生都奉獻給我們，日復一日，年復一年的。在幽思綿綿中，給我撫慰的親情裡，我經常陶醉在當時那樣患難相依的景像……。我從小就喜愛吃紅龜粿，品嚐它的滋味，不是在它的香甜 Q 軟，而是由於吃的時候，不由得會想起童年。每當除夕前，我都會坐著小板凳在母親身邊，看她瞇起眼睛，俐落地剪著竹葉片，全心享受做紅龜粿、菜頭粿的表情。而我們在老屋裡的笑聲與淚水，母親把我抱在懷裡，然後在她的呵護中心滿意足地睡去……每每想起這些共同生活中的點滴，我仍然為之動情。

　　而今，方驚覺，母親已度過了八十個寒暑。在她滄桑一世之中，我最常憶及的倒不是那些歡欣的畫面。而我心追念的幸福反而是她不經意地在廚房裡哼唱的歌聲，或者是燈下習字、誦經的背影。然而隨著時光流轉，這種思念常是與日俱增，直到最後，燃起一種極致的幸福。

　　多麼希望能永遠陪伴父母在故鄉，再沒有分離和思情。然而，

我國小畢業，就孤身一人、負笈臺北。當然，他們不會忘了我。隨後半工半讀地完成研究所的學業，就全力投入教職及寫作。我的確為很多俗事在忙，也不是沒想過要回家看看；但是往往一蹉跎，就是好幾個月過去了，我心裡也覺得很抱歉。偶爾，我會拿起話筒，電話中，媽媽的聲音沒變，卻掩飾不住她的思女之情。

年前，聽母親不經意地提起，她有高血壓、心臟病的老毛病；放下聽筒後，心底難過、思潮也不斷地翻湧。想起母親的一生克勤克儉，直到中年以後，家境好轉，才有好日子過。此刻，我最大的心願，就是讓母親健康平安地享受晚年的幸福，讓我得以善盡孝道，以報答母親的劬勞。

從年少時代到成熟的歲月，我眷懷著這些一點一滴的往事，這些陪我成長的記憶，還有那老屋裡的親情，我感到無比的幸福與知足。在那樣年少的成長過程中，我學得很多，也領悟到動手以勤的自主精神，並從中獲得寫作的樂趣。我很感激有如此的成長方式，讓我在漫漫人生中，縱使再艱困，也懂得如何求生存。之後，我對生活的樂觀及韌性大部分也得自這個成長階段。如今，回顧起來，我對自己的成長抱著感恩的心，因為，有了這樣的經歷，才給了我一個進取的人生觀。

在時光的倒影中，這些年來，不管時序如何推進，我將讀詩、寫詩、繪畫與評論結合，以文學書寫人生。這簡靜的三坪書房，每當輕敲著鍵盤時，總叫我想化為一葉舟，一股腦兒划入我兒時久遊的夢；或者想當個真正的行者，永遠走向黎明的。總以為忘不了的，是那綿密的鄉愁；總以為我有意氣，也有豪情，登上雲

間的白頂即為山峰。當然，這些都是我的想頭。

此刻，屋外寂然幽靜，我再度打開窗門，清涼的風，湧了進來，舒爽不少。一隻飄揚的空間之鳥，正從我書房的窗口以舞者的身姿急閃而過……而母親的影像變得明晰而簡單，在閃耀的虹彩中。我也很用心的想，這世上的一切不過是過眼雲煙。沒有任何事物可以永恆不變，除了母愛。這是一種簡單卻能持之以恆、豐足的幸福感。它讓我們的心由此不再空茫或無助。對我來說，母愛的慈暉，就像是明月般；它，也是一種愛的力量。

泰戈爾說：「欲行善者，必先輕叩其門；散播愛者，門將為彼而開。」我希求的並不多，也感覺現在生活得很自在，因自在才能隨緣。我的坐覺是，在俯仰間如何稟持一種如水月般的自若。我心想：母親相信我們，那麼這個相信就是對我們的一個「祝福」，也將化成一股甜美的暖流，溫暖我們疲憊的身心。能擁有母愛的回憶，是幸福的，也要心存感恩。這就是我透過思考才發現的答案。

我希望今後大家都能真誠地付出關懷母親，能如此，也將獲得真實的溫暖與愛。在人生的旅途中，讓母愛溫柔植入我們心中，再呈現自己勇往直前的奮鬥吧！

—— 2014.7.13 作
—— 由中國文藝協會與江蘇省淮安市淮陰區人民政府主辦的第三屆「漂母杯」海峽兩岸母愛主題散文作品大賽於 2014.7 於淮安市頒獎，本文〈母親與我〉獲散文第三等獎。
—— 收錄於《母愛，愛母 獲獎作品集》，聯經出版，2014.10，頁 79-88

9.意外的訪客

　　也就是七點鐘的光景吧，耐不得屋裡的悶熱，甚至連鳴蟬也不見長嘯的時候，我度過了美好且奇妙的夏日與早晨。

　　好多個星期，除了偶爾來送信並用大嗓門兒呼喚的郵差之外，我散步時不曾遇見訪客。然而，自然元素卻教我在窗外最邊的石牆上看到了奇景；因為，晨風把一對小八哥帶進我的庭院，在那裡駐足。而後為了與牠們近距離接觸，我不得不渾身解數招待附近灌叢中飛來的嬌客。

　　這真是意想不到的，給我深刻的印象，令我欣悅。這對八哥額羽甚多，也不畏怯、友善而輕靈。此刻，正用喙足「咯咯 ——咯咯」親密地交談著，在我新栽植的金桔樹上又啄又跳。乍聽，音色嘈雜而無悠揚，但這兩兄妹性情溫馴可人，好像沉浸在無邊的幸福中……

　　細看哥哥頭頸的體羽。牠眼睛炯炯有神，一身黑色羽衣裡，竟有綠色的金屬光澤在閃動，且兩翅有白色斑。啊，這肯定是隻優質鳥！牠的膽子較大，音調激昂，站立時也會亮翅、挺胸，是酷勁十足的帥哥！而妹妹的羽衣雖不華麗，嗓子也低沉、粗厲，但始終信任並依偎著哥哥，正短促地、撒嬌叫了一聲「咯咯」。

　　在平靜的日子裡，牠們常棲息在電線桿高處，或成行站立在斜屋頂上；也常尾隨草地上的牛兒翻食些蚯蚓、螻蛄、蠅蛆或蟲兒，但大多棲在鬱密的常綠闊葉林或在樹上啄食榕果、懸鉤子等雜食。

　　據我瞭解，八哥在台灣原本是普遍的留鳥，由於受到野外族群的競爭及威脅，最近幾年在野外快速減少。農委會在二○○八年已將臺灣原生八哥列為第二級珍貴稀有的保育類動物。

　　就在我小心翼翼、抓起照相機的一瞬，牠們嚇了一大跳。這時，太陽已懸在樹梢上照耀著。卑南的群山也繼續向天空噴出熱氣，眾鳥喧嘩一番後便分散無蹤。而這對受驚嚇的兄妹也騰空飛舞一陣子，就四下裡飛走，不見了。

　　但奇妙的是，翌日早晨，這對兄妹又飛回不遠處。在夏光斑爛的大馬路上，我又找尋到了牠們來回散步的足跡。這景象使我莫名地感動並回憶起自己跟著小伴們在荊桐國小操場上來回奔跑的兒時。那個常在老榕下盪鞦韆、愛騎單車的女孩 —— 如今已經過了多久了？那是多麼樸真的時代！

　　從那以後，在無數個蕭瑟或清朗的早晨，我喜歡從視窗眺望外界。對於那嚮往高飛之夢，沉思許久。我見過墾丁海灘上明淨的藍天，也見過阿里山上幻變多姿的雲霞。但台東的天空更加遼闊、更加親切、更加似我思慕的故里。而這對八哥的不期而遇，當我注視著那令人看了總要產生幸福的感覺的親情，就像家鄉的

眼，懂得我的微笑、悲傷與喜樂。牠們都是我的朋友。

　　每當我看到這對八哥鳥的身影，就像是風刮走了心的微塵，使我這個自小就離鄉漂泊的靈魂為之激動。要是沒有這些微妙的情感無數次細微地反映在我身上，激勵我、賜予我寫作的動力，我也就不知幸福的真義了。

　　因為，我們無法預測未來。但我知道，等過了今夏，再等幾個過境的颱風後，美妙的夏蟬聲終會嘎止，代之而來的落葉與秋風或靜寂的冬雪，也都有各自的表情與雅趣。因為，無論人的生命、水還是萬物的誕生或消亡，都是一種本然，是宇宙間不停轉化的結果，均是如此。

　　啊，生命的每一處風景，雖是無止盡地在空氣中閃耀。但微小的我，將以無限的深情定居於東岸。我還會有新的夢想、新的冀望與憧憬；也將繼續關注這對不斷撩撥我的好奇心的八哥。

　　　　　　　　── 2014.7.16 作
　　　　　　　　── 刊台灣《人間福報》副刊，圖文，2014.10.6

10.古道尋幽

　　五點時分，春雨乍過，空氣中清爽了許多。　與友人踏青的路上，歡笑歌聲不斷；山路迂迴，抵達雲海大飯店前，小憩十五分鐘。

　　往涼亭外望，但見似絮的白雲，瀰漫在群峰之前，遠處的台灣海峽，在濛濛中不甚看得分明；而山林的蒼翠、竹叢的青綠、檳榔樹的筆直，青山真有美極的時候。周遭色調和諧互補，由遠而近，層次地展現了美麗的雲海風情。那撥弄的詩琴，跟著徜徉在酒綠的海岸……我用採擷來的野花，朝遠遠的天邊飄去，飄去……；又像一隻蝶飛回，這晨曦下的赭紅的岸水。而那飄閃的浪花，輕輕把回憶安放。

　　當車子輾轉到了瑞太古道時，山色空濛，霧氣隨風嬝娜，環繞著山澗，好似畫境般的湖山。順著「忘憂林」步行漫遊，得一大竹林，孟宗竹的塵垢早已被雨洗空；竹影洒地，頗有清幽絕俗的詩意。歌雀的身影在風裡追逐，是搖晃在雲層的隴頭雲？還是落葉？正低聲地描繪我們的微笑和眼睛……任時間緩緩，停泊在這個雨意加深的午後。

　　春在枝頭，雨又輕盈地沾滿我的衣袖。續而返回「綠色隧道」，等候隊友一一歸來，共享烹煮午餐的樂趣，也算是此趟旅遊的一

種清福吧！飽餐後，一行人沿著茶園的山徑而歸。沿途丘陵起伏，竹林蒼茫；在峰疊的群山之間，但見一座大象形狀的高山，甚是奇妙。遠處一畦畦的茶樹，在微雨後，特別蔥綠得可愛。我們的心靈也陶醉其中，彷彿一切塵世的煩悶也逐漸沉澱消除了。

返程的高速公路上，已經是日輪將落；夕陽的餘暉，自淡而濃。從窗口遠望紅霞滿天，雲片綻放出綺麗的色彩；不多久，天上的紅雲也淡了下去。暮色中點綴在山間的燈火，一閃一閃地美得似螢火蟲；回到家中，已是暮色沉沉。今曰所見大自然的滋潤，大自然的優美、寧靜，調諧在這山林間不期然的淹入了我的心靈，成了一種內在的莫名感動。終於，我慢慢地弄懂 ── 唯有真誠面對自己，那一片大海啊！即一幅畫。

從冬晨的眺望日出，到初春的炷香裊裊；從雨後的兩道彩虹，到暗夜的星光漁火……噢，再也沒有比親近山海更令人徘徊難捨。那古老的村塘，凝碧在田田的綠荷上；而我們曾經雀躍地踏遍它倒影的淺草上，看幾隻白鵝，從水面啣起餘光。夜深了，雨落行道樹上，春天眯著眼，編織角落小貓的夢。一陣冷風從窗隙中飛了進來，我歸至書桌構思，雨聲淅淅，奏出了清新的音樂；我卻無端地浮出了些微笑。我覺得現在生活得很自在，內心充滿法喜。佛家講「願力，念力！」只要能提筆，我的心著實有說不出的高興。我想，因學佛而重獲心靈自由的我，就是這種心情吧！

── 刊臺灣《人間福報》副刊，2011.3.8

11.都蘭紀行

在一個微風的晨，我從台東新站往北方花東海岸山脈望去，都可以看到「都蘭山」的身影。它的形貌恰似臥佛，又有「臥佛山」的盛名。

一時興起，與家人立即驅車沿著海線抵東河鄉。我看見這麼一幅幅圖畫，看見傳說中的都蘭灣，還有靜靜地躺在都蘭灣懷裡的新蘭港，幾艘打漁的小船附着在這無盡的海面，忽上忽下極顯渺小，而南段的半月形海灣就是杉原海岸。因為這裡曾經是而且仍舊是如此與眾不同 —— 靜穆而純淨，不由得升起一種十分喜悅之感。

極目遠視，山頂雲霧嬝嬝，空氣清澈無比。而眾鳥的歡歌、野花與樹香、周圍所有的明媚蔥綠與陽光的莊嚴，我所享受的這一切豐富，全都是自然的恩典。我還是第一次與它相距如此之近，總感覺這愛與美化身的聖山，如一座指引卑南族及阿美族子民方位的燈塔。然而這麼的大氣魄，確是這樣的清寂，恰和我的夢差不多一般的奇異。

不正是這個陽光美好的天氣，在濃密的山林樹影中，瞥見右側太平洋的海面一片金黃，而左側是花東縱谷的綠野，美得無法

藉筆墨形容。在都蘭步道，我俯身草上，一邊因為這裡的恬淡閒適而感到安慰，一邊對都蘭山麓的鸞山部落裡擁有約兩百株千年歷史的白榕樹，益發感到不可思議。

不只如此，聽說這裡還保有一個布農族勇士的古代狩獵場，現在已變身為森林博物館。在這片原始林中，除了百步蛇、山羌、黃藤、一線天，罕見的古雀榕以外，還有許多原生種的動植物。而鸞山部落更有一位山林守護者，也就是森林博物館館長阿力曼，是位充滿智慧的布農族勇士。當我聽到他嘗試採集治蛇毒的植物、尋覓山豬的足跡，也會親自帶孩子們走進傳統布農家屋，搗麻糬、種小米和採樹豆時，不禁開懷地笑了。

迴首外望，不論我看到眼前的各種禽鳥的飛翔，是那麼自由消遙，以及那棵被命名為「Vakvak ka lun」── 布農族語為「會走路的樹」，恍如進入了令人著迷的阿凡達森林，而我好似在森林巨人手腳上爬上爬下的小精靈，還有不時傳來熟悉的聲籟，對我都是雀躍的。

再走幾步，眼所見，盡是炯炯有神的林木，在這裡，我對自然與文明的區別也認識得比往常更加透徹。因為，多數的布農族人雖有戰士的外貌，但他們所關心的不再是我們一向所關心的那些，而是更重視自然和彼此間的真誠相待、共存共生。這種習性是那麼忠直、那麼良善、那麼純真。

反觀現代社會，雖已逐步縮小城鄉差距 ── 然而在生態環境與維護文化傳統方面，我確已感到與部落社會生活的巨大差別，

那是對自然的破壞漸增、愛心日淡的巨大差別。而在這裡，沒有任何街車喧囂駛過，好似整個世界逐漸恢復平靜 —— 生命這株偉大之花又悄然綻放了。說來奇怪，這些年來寫過許多優美的詩歌亦盛裝不下這座山的聖美。

回程路經都蘭糖廠時，已近黃昏。這裡沒有人聲鼎沸與快節奏的步調，有的只是將舊有空間注入新生命的驚奇。在我短暫的停留中，我發現有許多藝術家進駐，大多是精緻的木雕工坊或販賣手工藝品，也有咖啡廳，真是個充滿藝文氣息又兼具放鬆的休憩站。

這趟台11線之旅，我遨翔在滿目的綠野與深淺不一的藍海之間 —— 一個了無心思的心靈，再次感動起來 —— 啊，一切都是那麼美好。回歸自然是旅人最深層的心靈渴望，而我已能在這座山之上，為自己還能住在這樣一個美好的地方，而讚美神的愛。

都蘭就是這樣的。無論春夏秋冬，總是一般古樸淳淨。這裡的生活在閃耀，與民宿老闆及原住民親切的言談、輕鬆的步調，讓我以為這世界都是非常的和平、美麗而快樂的了。它的靜謐如太平洋上微風漾起的波紋，終將浮游於夕陽的微笑之下。噢，那幸福如臥佛身上發出的祥光。

—— 2014.7.25 作
—— 刊臺灣《人間福報》副刊，2014.9.17

12.秋在花蓮

　　好不容易盼到連假，在灰色晨曦中，全家驅車北上花蓮去，瞅瞅秋色。車過鹿寮溪畔，忽見綿延的綠田，拖起一隻隻輕盈的飛鷺，融入山水之中……山坳裡，盛開的野芒花在風中飛舞，不禁讓人憶起白居易的詩：「潯陽江頭夜送客，楓葉荻花秋瑟瑟。」它的美，是那麼地廣闊、那麼地輕逸、那麼地淒迷、那麼地自由！就像冬天的霧淞樹開出銀白小花，讓人充滿詩意的遐想。

　　沿著台九線走，我對著陽光拍照。青翠的山巒呀，充滿了愜意與幻想。在彎曲的河流交織下，花東縱谷竟雕刻出各種奇特的自然景觀。看，客機的尾翼正畫開雲際。當熹微的曙光撫慰著原野時，中央山脈的肌理如同一片扁平的皺摺，顯得格外壯美。一群灰雀在電線桿上歌著、跳著，像是在歡迎什麼。一畝畝菜苗也在黑塑膠布覆蓋下等待著出土發芽……在一個紅綠燈路口前，我看到，車窗外有許多紅蜻蜓正奮力飛舞著，而戴斗笠的老農也彎著腰在田裡開始耕作了。路經富里鄉時，我初次見到普悠瑪越過電氣化的高架，那紅白相間的車影奔馳在綠野，一切是那麼生氣勃勃！誰的心裡不充滿了感動？

　　通過玉里大橋，我們在吳媽媽店裡享用美味的乾麵後，就直往瑞穗鄉，沿途茶園林立，據說，農特產品為天鶴茶和文旦，遠

近馳名。經過鳳林市，離花蓮已不遠了。在立川漁場用膳後，一路直奔到池南國家森林遊樂區。這時，頭頂沐浴著秋陽，我凝視著遠方，鯉魚潭卻是那麼純淨的藍，而不會時刻受著吵雜的牽絆；或者仰視那一片青山，而不致擔心心靈再會浮起一種歲月悠悠的沉鬱。

啊，我沉醉，一切在閃耀，樂觀在奔騰……這裡寧靜如初，喚醒的是自然原始的眷戀。它位於壽豐鄉池南村鯉魚山腳下，距花蓮市僅十八公里。從陽台前望出去，鯉魚潭風光盡收眼底；而「林業陳列館」更提供了森林動植物生態及資源功用紀錄片的介紹。走出戶外，但見早期所使用的百年蒸汽機關車，這輛蒸汽機關車俗稱火車頭，民國前一年由美國製造，曾在阿里山服務達六十六年，令人印象深刻。

漫步林間，池南遊樂區內各種禽鳥飛翔，朱鸝、台灣藍鵲，及那些往來徘徊於溪谷邊的蝴蝶對我都是欣慰的，牠們是那樣自由自在，不受拘束。瞧，一隻大冠鷲正盤旋在灰藍蒼穹！幾朵低雲，幾多煙波……那處處可見壯麗的斷崖、奇石與遠處不時傳來熟悉的聲籟，這一切都滿是愉快；而陽光正暖著我的臉頰。

午後，天愈來愈熱了，我們來到花蓮觀光酒廠。往裡走，整個酒廠占地頗廣，廠內廠房林立，而展售中心是遊客的最愛，除了提供各式販售的物品之外，當然花蓮的玉石也是熱門商品之一。途中，抵達柴魚博物館參觀，這是早年經營魚產銷售的余宗柏先生，將友人閒置的老工廠，經翻修後而成。走到裡面，只見遊客正睜大眼睛盯著一個個水族箱，孩童們更是要父母抱起來觀

賞海星、小丑魚、獅子魚、海葵等等，那繽紛的海世界，怎能夠不令人亢奮激動？原來，歡樂是會感染的，而我卻對走道上展示的舊農具及一部創業初期的老鐵馬特別感到好奇，不禁想到朱子所謂：「一粥一飯，當思來處不易；半絲半縷，恆念物力維艱」的治家格言。這博物館裡真有著企業家的堅持與工人們的精神與勞力啊。

到松園停歇，已是傍晚，但這裡終於可眺望到花蓮港，我們真禁不住要大聲歡呼的喜悅了。它東臨太平洋，西倚中央山脈，是一個由東、西防波堤合攏而成的人工港。那遠山，飄逸俊朗——在我的感覺與印象上，海上的夕陽的確是再美不過的事了。不一會兒，黑夜已降臨大地，浪花早無痕跡。入飯店睡時，風中的船影恰似我的美夢奇跡，就這樣再也抓不著了……

翌日，天剛亮，就到七星潭，又稱月牙灣，是個迷人的礫石海灣。從沙岸至海上的一帶平蕪，它浮游於晨間的微笑之下……這裡沒有許多屋宇，一片空曠，但海灣的末端依著高聳的山脈，這山海邂逅的畫面到底讓多少人為此而醉呢？還有群鳥聚集在沙灘與天空之間。不管你凝視七星潭，有多慨歎它的美，還是注目那山峰上的滿谷林木，一切都是那麼地清秀幽恬。當我為之凝眸，那西天的雲彩下，一道絢爛金光浮現海面時——我便知曉，啊，所謂造物者是那麼令人崇敬，這是只有大自然在有海上清風的晨光裡，而那觀賞的人心情也分外悠閒時，才能見到的奇景。

踏上歸途前，順道抵達臨近的漁港，這是在花蓮漁業署及縣政府支持下，將原本就不存在的鳥踏石購物廣場改名為「向日廣

場」。在這裡，我聽任思想自由飛翔！我面前是何等可愛的圖景：那最遠處的海面，常可看到第一道曙光從太平洋升起，象徵著美好的未來和希望……這一切就是我的繆思。

回至桌前，此刻，窗外月光如水，但我感到秋日稍瞬即逝，那曾經驛動的夢，在街的盡頭閃光；那蟲鳴鳥囀好像仍在耳畔輕響，而我，不由自主地深呼吸一下。院子裡也揚起一些細碎的蟲聲，似欲代我作無言的憶念。

—— 2014.9.11
—— 刊臺灣《人間福報》副刊，圖文，2015.1.22

13.布農部落遊踪

在一個靜謐的夜，月光從寬闊的格子窗探進來。我看到幽明的天空下，高大的欖仁樹冠同街燈連成一片時，不禁又想起，那青山下的河流和繁茂而充滿生命的各種樹木、啁啾的鳥鳴、各種芳香的花兒在挺拔而起的樹下交錯 —— 那是中央山脈山腳下的台東縣桃源村的一個美麗的部落。

當我第一次靠近它，是在仁慈的風兒吹起、吹響了樹葉的時候。那天，我欣然興起，決赴市郊一遊。車子經過綠色隧道，一直通往延平鄉，沿途有釋迦園、鳳梨田、香蕉、紅龍果、檳榔樹等等農作物。抵入口處前，有石雕藝術一座，甚高大，橫寫「布農部落休閒農場」六字，旁有兩個可愛的石雕，像是呼喚著：「旅人啊，歡迎、歡迎……」。

購票後，迎門可見到許多木雕肖像，刀刻出族人間的習俗與親情，也有動物與族人互動的圖騰，使人更感到這些木頭的可愛。透過解說員及沿徑的皮雕、精油、香皂 DIY 文化體驗活動、餵羊活動、小餐廳等告示牌的導覽，緊跟著旅客們歡樂地散著步……

在咖啡座前，眼所見，到處是一片蒼翠，頗不負青山美景。加以部落的歷史、慶典及其座落的地理位置、有機農作物加工等

等，都詳述於牆面，這些不奢靡的民族風格，不期然的使人如入桃花源中的夢土。但布農部落除了保有原始的美以外，更見秀逸之因，是有精美藝術作品點綴其間，最為珍貴。步行其中，隨處都有古樸中帶有天真的意趣。

在以前，布農族祖先以狩獵和簡易的農業為生，族人多半過著隱僻的生活，自己養雞、畜牧、種蔬果。如今，這些被創世主安排在延平鄉這個偏遠之地的族人給外界社會帶來的，卻是莫名的魅力與特異的感動。

事實上，在現代社會發展的過程中，傳統獵場幾近消失等因素，已讓全台僅存的三萬餘布農族人面臨了生存危機，甚而喪失教育、經濟與文化傳承的發展機會。令人難過的是，有許多族人不得不流浪他鄉謀職，或成為當今社會的邊緣人。

適巧，一個戴著傳統頭巾的布農少女，簡單地對我訴說了部落的現況，這跟二十年前白光勝牧師偕同妻子返回延平鄉辛苦地創立了「布農文教基金會」是相關的。據瞭解，這些年來，已有一些在外地的年輕人，他們受到白牧師的感召，毅然地擺脫了過去在虛妄的日子裡的種種陋習，而選擇回鄉服務或當義工，肩起教育下一代之責。如今，族人們攜手打拼的「布農休閒農場」，的確是一處體驗布農文化的後山桃花源，而他們也都是「自然愛好者」。

儘管布農農場，曾是一片荒地。難以想像的是，目前已補修了道路，疏挖了池塘，並設有手工藝品的專區、無添加化學原料

的的農特產品、咖啡屋、部落劇場及木雕、石雕、編織等藝術文物展區，而成為現在花木叢生的面目，甚有特色。

最值得注意的是，農場內潔淨的空氣和水質，甚至可提供住宿設備，讓旅人無負擔地享用健康美食或休憩。這一切恩典，源自布農族人的齊心與來自社會各界的關懷，讓這部落的希望工程得以延伸。

近午時分，我穿過步道，兩旁有野薑花、竹林、樟樹等等，來到了餐廳，看到一桌桌的旅客，吃得正盡興。那些有機蔬果，每嚐一口，與其說是為食物而珍惜，不如說是為布農族人同心孕育的美與芬芳。

午後兩點。數十位旅客一一湧入部落劇場。當掌聲響起，多麼感人的景像啊！他們個個穿著傳統的布農族服飾步出，而髮帶在風之上飛舞……真的好美。就在如天籟之「巴西布布」〈小米豐收歌，即聞名的八部合音〉響起時。啊。那是多麼奇偉的聲音！那位長老、孩童與部落青年們的歌聲包含了多少歡笑與淚珠的故事！尤其是歌唱到「台灣，我愛你」時，或許只有祖靈知道，那歌者善意眼神的投向與幾近自然的旋律，有多麼地赤誠。而我雖從未看過，但最後卻感到如此熟悉。啊！倘若竟有慈悲的心，這到底是歡樂的悸動還是感傷的悸動，已經是分不清了。

出場後，我到門市部買了些鳳梨酵素、袋裝小米跟鹽炒花生等伴手禮。走向回家的路時，有鴿子在牆邊自由地跳躍、啄食。忽然有股莫名其妙的歡愉湧上心頭。此刻，我注視著車的前方，

卻不由得想著這片擺脫人間的虛妄的園地。那位擦身而過、靦腆的布農婦女，騎上機車，急著去餐廳幫忙的笑容，是那樣的平易近人。還有一間間新成立的工作室、一尊尊精緻而粗獷的石像座落在陽光的草地上，彷彿是青空凝聚的精華。啊。這裡的布農部落已充滿了一種溫馨而原始的和諧。

倘若我的繆斯流向那裡的甜蜜懷抱，我將不覺得奇異。因為，我察覺，原來「簡靜」也是一種美！而任何時間都比不上淨化心靈更為重要。我深信，布農族人無言的純樸所表示的情感才是最豐富的。只要用心領會，那裡的莊嚴與美、每位族人勇於付出的熱情，就是旅人得到心靈趨於平靜最大的酬報。

── 2014.10.2 作

── 刊《臺灣時報》，台灣文學版，2015.6.8，圖文

14.阿里山記遊

　　為了到阿里山看神木群,我便加入越野隊友十一人行列;如果不是這個冬天,我恰好無伴可交談——而森林用迴繞而逐漸擴大的聲音呼喚著我,終於得獲一行。

　　但要去還真不是那麼容易。高速公路北上車正巧擁擠,即使沿線休息站幾乎不經過,山路蜿蜒也很困難;所幸,下午四點半仍抵達海拔兩千公尺的青年活動中心,偶而,車上響起的爵士樂,倒與我愉悅的心情非常吻合。

　　在靜謐的傍晚,我倚在木欄杆旁啜著熱茶,看著那可能是被我迷住的夕陽緩步而下,看眾鳥飛向藏匿的林場,而巒峰散佈著倒映的彩霞。原來,山上的景色是纖巧的,也是壯觀的。不管來過多次或突來的騷人墨客,都無法言喻其中樂趣的。

　　而我動也不動的像企鵝或一葉扁舟,逐漸地,把那一頂挨一頂參天的古木,特別是充盈四周的聲籟、綿延而廢棄的鐵道、一畦畦綠化復育的坡地……收入我眼底,直到飽覽雲氣雄奇的縱谷和隊友喚起用膳之聲為止,我才回我的寢室。不多時,天地一片漆黑,偶有不知名的昆蟲在窗外低吟……最後,我在自然的夜風中,沉沉睡去。

　　翌日，我比太陽起得更早。我的想像不會讓如此美好的早晨浪費在猶豫不決。於是，按著自己的意願，立即跟著隊走古道下山出發了。由於擔心看不到第一道曙光會使我再度遺憾，我加緊了步伐。最後，大自然在我面前展開一幅永遠清新的蓬勃的圖景。

　　當我們繞過無數個拐角、小徑，險阻的木橋，涓涓細流……石壁上的苔蘚深深淺淺地裸露著，使人覺得其中隱藏了未經探險之奇。啊，置身於金色的森林中，一棵棵昂然聳立的紅檜木，都形象不一且各具雄姿呢。

　　再沒有比從巨木的細縫間上看去更迷人、更動人的；因為，冬陽永遠是最燦爛、最輝煌的。在這裡，人為破壞的痕跡已逐漸減少出現了。雖然枯葉落滿一地，但很快地，會被真菌、蕨類等各種林下植物及林木群所吸收，這也為森林提供了絕佳的有機養份，這生態輪迴，是何等聰明。而巨木的宏偉，終年雲霧繚繞，仍像千年以前一樣守護著台灣，使我欣悅。

　　我們一個接一個、邁著平靜的步伐，腳下花草的紛繁更使我目不暇給。終於來到了慈雲寺。據悉，西元一九一九年，在阿里山初期開發之際，日人有感於此地如印度「靈鷲山」，遂而建造了「阿里山寺」，直至民國三十四年再改成「慈雲寺」名。寺前兩棵高大的銀杏樹下，也披滿了白芋花，使我更能夠專心陶醉於這些充溢我心靈的靜肅的感情！

　　我從來熱愛這裡的冬天，只為落葉歸根，一直都是森林的生命週期裡極其短暫的美。隊友們親切地聚集於寺前一隅，當一對

退休的老夫婦遞上可口的「帝王柑」和熱呼呼的山粉圓時，那一刻，烘暖了我的胃。看，有多少帶團的旅人路過於此，也跟著在這兒休憩和參觀鄰近的森林博物館了呢。

據悉，日出、雲海、晚霞、神木與鐵道並列為「阿里山五奇」。山中，造就了多種動物的棲息，也有酒紅朱雀意外的出現，以牠們美麗的羽毛、大方的嬌姿，令山友驚喜不已。當然，還有台灣獼猴、赤腹松鼠、山羌和山豬等動物出沒。

此外，由於偶然的機緣，這是我初次看到森林小火車！當它緩緩駛入在驕陽下，旅人們不約而同拿起了相機，或者說，那一瞬，大家都能夠沉靜下來思索，它為何有一種十分耀眼且極致的美！啊。那身影包含了多少滄桑！

阿里山森林鐵路為臺台灣僅有的兩條仍處於營運狀態的高山森林鐵路之一〈另一條是太平山森林鐵路〉。它完工於一九一四年，迄今整整百年之史，興建的主要用途是輸送阿里山林場產出的木材。一九六三年林場砍伐業務結束後，客運與觀光繼而成為鐵路的主要服務。這次與「它」邂逅，終於感受到意想不到的歡愉。

我們繼續直走。雖然人流擁擠，距離櫻花盛放還太早，在抽象的返想的魅力之外，這「姊妹潭」也成為阿里山森林最盛名、最相稱的景點之一。又或許，看著那平常僅反映的天與樹、不斷漾起的水紋……還有那古老傳說，是可以勾起旅人再添一些可愛的想像的，這也使得我更融洽地流連在這波光粼粼的潭面了。

　　然而，在我認識的臺灣森林中，或許阿里山最不顯老，或許永遠也不會失去盎然的生機，並且能持久地保持旅人對它的嚮往的。由於歷史的使然，以及環境的變遷都曾在它身上掠過，但它本身卻是沒有改變的。在我心中，它是永遠不變的詩人。我可以站在任何一處像今天一樣鳥瞰而下，從水面啣起一片落葉，就好像多年以前我在樹梢發現一隻連筆都無法描繪的鳥兒的身影時，我偷偷地躲在樹身後微笑了。

　　有什麼東西比親近森林更加愜意呢？在東台灣的漫漫夜裡，我躲進我的書房，希望冷風把落葉吹進我踏過的足跡印裡，在那裡駐足。我總是驚奇於它稀有的美，但卻不曾為它做一絲的妝扮。如今，我明白，是因何始。當日出之際，除了它，我不能比在任何森林更接近繆斯的天堂。

── 2014.12.8 作

── 刊臺灣《人間福報》副刊，2015.4.20 圖文，
攝影三張

15.縱浪翰墨詩香

　　臺北市徐州路坐擁綠樹的深深庭院裡，元月二日舉行了一場「翰墨詩香」詩書展，為期共兩週，由《海星詩刊》發行人辛勤及主編莫云統籌活動並邀請台灣文學館翁誌聰館長、法鼓山人文社會基金會陳武雄夫婦等，還有參展的沈榮槐、宋良銘、吳麗琴、吳啟林、陳坤一、筆水源、蔣夢龍、謝慶興、施伯松等三十三位書法家參展，他們分別將詩人白萩、趙天儀、楊風、旅人、魯蛟、向明、隱地、方明、林明理、方艮、吳翔逸、陳少、徐如林、涂沛宗、龔華、沈眠、張詩勤等三十二位的新詩以各種書體表現，揮灑出詩書聯展的跨域美學，讓市民多一處沉澱心靈的雅靜空間。

　　能夠瞥開忙碌的寫作，初次搭上普悠瑪號抵達台北參觀此次詩書展，將是一次難以忘懷的假期。一入門，迎面的是詩友們璀璨的笑容，它給我帶來無名的喜悅。周遭最引人的，一是其對於場地的精心佈置，二是其所展出的諸家雅賞作品，給人以精神上純澈的調劑又不流於俗套；而到藝文中心的各界詩友，也沒有不到會場一瞻其詩書展覽風采的。這不正是這場現代詩與書法的邂逅才能達成的心靈饗宴嗎？

　　值得一提的是，原來邀請卡上題有臺大中文系教授臺靜農〈1902-1990〉的書法〈莫云珍藏〉，每個字裡有他生前的文風與

悲憫的胸懷。瀏覽每一高掛白牆的作品，真有所謂「一揮而就」、「逸筆草草」之感。有的筆法線條古拙有力、有的風格簡逸而揚棄客觀描寫、創造性頗高；而來賓對詩書共賞的雅致，大多默認有其特殊的意義與價值。

　　這樣的墨寶燦然可觀，搭配新詩確可相互結合成為藝術的一環，在此應可得到會心的體驗。當我坐在那兒，看著音樂家為觀眾演奏了長笛與朗讀聲起時，我感到的是真實，是真實的感動。而為這場盛會背後所付出的心血與貢獻，也將為臺灣詩書展留下很好的見證。

　　　　　　　　── 2015.1.5
　　　　　　　　── 刊臺灣《臺灣時報》台灣文學版，
　　　　　　　　　　2015.1.11，攝影合照。

16.夢中的，母親

自從得知母親罹患了癌症，恐懼總是陪伴著我。要是得不到老天的垂愛，又該如何？

深夜，在新站前的三十米大道裡，聽不到一點兒車聲，只有我不禁想起了母親講述著情節模糊的往事，講述那些敢於離鄉背井、奮鬥的辛酸史。

小時候，我的世界只是母親的田園。只要我一問再問：田的那邊有什麼？……她就不厭其煩地告訴我，讓我織就出無數美麗的夢。

「天主已經決定了世間萬物的命運，但，路是要靠自己走出來的。要耕耘，才會有收穫，其他，我一無所知。」她斬釘截鐵地說。

於是，我跟著父親讀起了書，相信父母的話，就像相信了神的庇護。如今，我也找到一條通往美好的家園的大道，也已看到幸福生活的藍圖。但母親的笑容不在我身邊了，而在其他地方，正苦於化療的折磨。

　　小時候，總愛聽關於母親的英勇故事：雖然對傳說般的外祖母沒有一點兒印象，但也至少明白母親的童年是多麼地艱辛，又是如何地克勤克儉，挑戰命運。

　　母親是一位堅強而善良的人，也深受我們子女的敬愛。儘管她只接受了小學教育，但也不時地自修、進取。她做過許多苦力，洗衣婦、廚房管理、農婦，但不曾埋怨過自己的境遇。

　　尤其，當她說起與父親相遇於斗六火車站，短短不到二十四小時，就許下了一世之情。每當聽到這樣的愛情，我不禁咯咯地笑了。彷彿是電影蒙太奇鏡頭的轉換？

　　接著，她又講起，父親是個肺癆，但一生做過公職、農會總幹事，總是清廉無私；又是如何利用時間在燈下教她識字、學日文。因為父親素來便以士紳和代書為名；這點的一個證明，便是全部讚美天主經文她都能熟記背誦，另外還能寫出一手好字。聽到這裡，我不覺由衷地拍起手來，表示嘆服。

　　有時，母親會說起自己的童年：她的生母當年曾是中壢鎮上模樣挺好的美人，而開餅舖的生父又是如何地深愛著自己的親母 —— 然而，這樣的家世，她卻無福消受。

　　因為，母親自出生就成了童養媳，她為了逃出被許配的婚事，卻吃盡了苦，最後，開展出自己不一樣的人生 —— 每說到此，母親的眼眶不禁泛紅，但看到我聽得神奇，便又止住 —— 是的，她一直是婦女之中最勇敢又最感性的一個。

　　日月流逝，年復一年。我已幾乎淡忘了母親的叮囑與聲音。

　　直到去年舊曆年，傳來了母親罹患大腸癌末期，且已擴散到肺部，開始了化療的痛苦療程。但五次化療下來，疾病並沒有催折她的精神，或使她喪失鬥志。

　　八十一歲的母親，儘管髮絲全落，依舊神清氣定，這可能跟她晚年階段反而虔誠於佛經，理解了超越生死的本然。接著，她又講道，她心中堅信佛祖，反而安慰了我是多麼地害怕，害怕再度失親的不幸。這主要因為我沒有那麼地豁達。我只能祈禱，那病魔不要繼續加害於她。

　　從搬遷到東部，這前後有很長時間，我都過著自己退休後的閒散生活，唯一不變的是，沒有停止於寫作。上週，我又返高雄探望母親。她身體還很虛弱，但仍堅持從床邊起身，露出一絲笑容。讓我坐下，吃點水果。

　　「再聽我說吧，已沒有很多時間可以陪妳聊聊了，」她接著講道，她的曾孫是多麼可愛，每逢假日，都會接到她那裡玩。說到這裡，她又栩栩然年輕了十歲一般，甚至連我也一起感染了那份慈愛，不禁目不轉睛地凝注著那光禿的髮頂出神。

　　這時，我的眼睛看到了奇妙的景像！彷彿時光又回到了荊桐家鄉……那裡有父親熟悉的身影，廚房裡飄溢的飯香，到處是綠野田疇的天地，只有偶爾才遇上一名老鄰居騎著單車從我面前經過 ──

再有那門前的白楊樹，以及瓜棚又是怎樣嘉實累累地生長著……但我的樂趣卻是到樹蔭下捧本小說去遨遊，或是隨處可仰臥在屋的一角，默默地瀑浴在清風中 ──

彷彿童年的甜蜜東西比現在都會的繁華更濃厚得多。那時的我們，生活雖是清苦，但是，至少，父母都對我們都是關切呵護的。

因為母親有著勤奮不懈的個性，而且是我們家的精神支柱；但她絕不像我一樣，常常為生活中的挫折而呆呆發愁。她是絕對地悉心於農務又極勇武。

記得我五歲因為車禍而昏迷多日，總是她多處奔走又極力照料，才得以康復。之後多年在外求學與教書，有時也已忘卻了她的辛勞，或者，忘記了過去的同甘共苦。直到剛剛一晃眼，在我回神已經恍若隔世。

此刻，母親正值死生之間竟是這樣痛苦折磨！對於她的病情，起初我總以為，我早已作好最壞的心理準備。誰知這事卻越縈迴於我的夢裡。雖然我未曾在她面前感傷落淚，但是我確實也被思念所困，而且也只有到了這節骨眼上了，才真正明白：我們之間的情感有多麼深切！

我不僅懷念她的溫柔，甚至也懷念起她對我的指正與責備。最讓我久久不能去懷的，是她永遠不在子女面前落淚，反而一派輕鬆面對自己生死。如今，每當午夜夢迴，我一心只盼她能再多活些日子，再能聽聽她那美麗媽媽的故事。一想至此，不禁悽惶

不安，仰面嘆息。

　　在過去悠悠歲月中 —— 我曾經忽而得意，忽而失落，但卻始終不曾向母親表示過殷勤，也不曾開口明說她在我心中的重要。然而，驀然間，我透過母親體力逐漸衰微的眼眸，竟無法相信也說不清這佇候在眼前的、定睛注視我的母親似乎即將從我眼前慢慢逝去，而且越退越遠的事實。

　　最後，朦朧之中，只剩得她臨行依依在巷口佇立的身影……實際上我並不是孝順的孩子，也不曾為母親做過照料之事。但說也奇怪，我今天懷有一個夢。

　　直到生死關鍵的今日，才蘧然而覺，原來自己是在乎這份情的，而過去的種種困頓，不過是一場夢，這時忠誠的夢裡仍然有母親廝守在我身邊的 —— 這是我唯一的希望。這是我將帶回給她的信念。

　　而我天真地以為，有了這個信念，我們就能一同祈禱，因為我知道，唯有母愛，溫煦之光永遠不變。

　　至於母親，迄今仍相信生命不該只是這樣的。她覺得它值得稱頌，能安於磨難並信賴醫師，即使到了垂暮之年也還是如此。而我的生命源於母親所賜，卻有時不免受制於生活壓力而徬徨或是茫然若失。

　　「懶散的人永無出頭日，天公疼憨人但要努力闖出一條路。」

她總是這麼說。如今，她已隨時準備面對死神，毫不感到死之苦楚。這倒不是失去生存的毅力，而是由於對生死本質的悟性所致。尤其在我眼看生命的時光何其短促，我忽然越想去留住稍縱即逝的每一刻，越想要自己過得豐實無憾。

在這寧靜的純樸小鎮裡，外面是一片漆黑，人人過著自己的生活，蟲鳥已然入睡。而縱谷山脈永遠綿亙，清泉也沿著深邃的溪谷緩緩地流著。對於需求恬淡的我來說，已然足夠。

我沒有忘記過母親的那雙不屈服於命運的眸子，不過，我並沒有灰心。我仍深信，一切都會轉危為安，至少這個康乃馨節日來臨前，我把唯一希望寄託在山脈的另一邊。這樣，投奔母親懷抱之夢，以及她抗癌中的磨難看能不能少了一些。啊，感謝全能的神，請祢賜予母親力量，讓她重回平和的自由。

　　── 2015.3.26 作於臺東小城
　　── 刊臺灣《臺灣時報》台灣文學版，
　　　　圖文，2015.6.20.

17.在我深深的足跡上

　　每一想起小林村，我的心情是複雜的、沉重的。一瞬間，記憶突然碎成許多浪花……那原始而質樸的歌聲似乎在吟唱、在迴盪 —— 在那負載哀痛的土地上，和著我悵然若失的魂魄。

　　那是我第一次到小林村，天空一早就堆積了灰白的雲層，四周植物的蓬勃氣息，湧了進來，部落孩童們純真的笑容、天使般的樂音，讓我的心底增添了幾分驚喜。

　　雨從天上，滴落殘荷，青柳在風中拂動 —— 那濛濛的霧氣中密密罩著遠離的溪岸，靜極；不一會兒，金陽閃爍著。沿路的紅屋頂上，一朵落單的流雲飄過天際。啊，這裏莫非是地圖的邊緣？一個總看不飽的寧靜天堂呀 —— 掠過沒影的是群起的山雀。

　　那年，秋的味，特別地香，廣大的世界縮小了，這沒有富麗的、素潔的屋宇，厚積著的情，樸實可愛。

　　居民似乎一點兒也不怕苦雨風寒，他們攜手同心，樂觀直爽。後來每年到了秋天，我腦筋裏總有一些想要實現的夢想，直聯及小林村、瑪家鄉的瀑布，霧台的豐年季和藤枝森林區的闊葉林，及留戀藍水湖的蹤跡。

半岩邊，藍色的牽牛花，粉紫的、鵝黃的波斯菊……映著滿地的芳草、蟲唱。那靜謐的土坡上，有著無限的綠野，種滿的果樹，清翠欲滴，兩旁爛漫的楊花，交錯其中，色調互補和諧。而我擺脫了山後陰影，像綠光裏的羊，把腳步放慢……

去年八月初，我禁不住又回到了綠意盎然的小道，那幽美宛若桃花源，從而使視覺獲得最大享受的藝術效應；但我覺得像天庭，格外真切些。

那時，斜陽微弱，偶昂首，野鳥高鳴，劃過平靜的湖面。綠波倒映了深谷吊橋，又將山影濃縮輕躺。下車稍歇會兒，向涼亭一坐，聽，枝上幾隻輕靈的小鳥兒，在高處歌著；近了，近了，又遠了…有如在生命的舞臺上合奏出一首交響曲。

一隻小松鼠從樹梢一躍而過，牠有一對非常敏銳的黑眼睛；我在大榕樹下抬頭瞥見，小松鼠小得很，卻沒有字可以形容牠的可愛。這山谷，雖只清清的一色 —— 但我忍不住為眼前所擁有的一切，粲然地笑了！這樣的氣境中，心得到淨化，就連思想也變得活潑澄明。

未曾預料，旅遊回來兩天，就遇到震驚全台的「八八水災」！有多少小林村孩童正徹夜哀號著？當一陣陣猛烈的暴風從高聳的天空漫天而來，那無助的災民啊，終究逃不開命運的折磨……大自然反撲的力量，震撼著，讓美麗的山河變色。

　　此刻，我在小石山邊徘徊，層層枯葉，篩落著四季的足音；最悲感的是，小林村空寂的況味。

　　台灣歷經去年半世紀來首見的驚駭事件，雖然，災變後，來自國際、各界對災難的關切聲援不斷，但這似乎也變成當時哀慟之餘僅存的一線曙光。使我感動的是，來自各界善心人士、單位集合了所有力量，把一個個熱熱的便當、一車車乾淨的水、一箱箱物資、醫療補給送到災民的手上；也盡力地安撫了每個災民的心。而我深信，一人一善念，由踏踏實實的奉獻，將換來受苦民眾無量的衷心感慰。

　　我極目遠望，雲棲在林外的桑麻野道，直到霧氣彌漫，將天地融於地平線，後方是近乎單色的部落，稀疏地飄起幾縷青煙。我看見這古老歷史的碎片、聚落的浮沉…一棵棵山樹依稀可辨。我踟躕地走著，在僧廬的一隅，我再度虔誠地讓生命纖維的絮語與空氣合十。

　　夜裏的山谷，早晨又蘇醒了。我循著記憶的通道，似乎感覺到大自然的安慰 —— 在綠野，在金光的水鏡旁，我聽到溪流在兩三里外湧動；我望得見青煙濛濛的飄在谷中。我的足下有岡巒，由高而低，或趨或聳 —— 後方是一條彎彎的小路，慢慢兒從山嘴裏穿出，一棵棵不知名的雜樹，幽幽地庇護著我……

　　今夜，窗外滿盛了清明的月輝。那是夜蟬的歌聲，清晰又持續地輕喚著。我獨自倚在視窗，突然想起了星雲大師曾說：

世界上最大的東西，
是虛空的

　　在禪者眼中，生死就如回家一樣。只有遠離傷痛，心才能適意，才能繼續走向未來。不論身在何處，如果，我們自己能發一分光，也希望給別人多一分福。我漸漸體悟出來：原來，「愛」是一種光亮，像佛光一樣普照大千世界。它散發出點點滴滴溫煦的光芒！它照亮了不幸者眼前的道路，也使他們瀕於絕望之際，燃起了一線希望。原來，凝聚一顆顆的愛心，它就自然地啟開了真善美的境界。

　　夜深了，感覺的夏天在我呼喊中瞇著眼，並攬住那黑潤的泥路，匆匆穿過樹林。山城之霧已緊緊收攏，對岸的蛙鳴，鼓噪四周……風也撫平傷痕了。

── 2010.7.23 作

── 刊載臺灣《人間福報》副刊，2010.07.23

18.在我南灣的風景中

　　今年二月下旬的一個清晨，在涼風輕拂之下，全家搭上國光號奔赴墾丁。下車時，天空異常的皎潔、空遠，那蔚藍海岸正像畫片似的展覽在眼前，有無限幽深的美。煩囂的市集聲不見了，只有些許旅客在橡皮艇上玩著衝浪；在穹頂的陽光下窸窸窣窣，不時傳來微弱而含混地笑鬧聲……這一切新鮮的景緻，帶給我們益發高興，南灣沙灘似乎正等候著我們光著腳丫一同作樂，走在冬陽下，便覺得日暖舒活起來。我們的舉止活潑了，說話也變響亮了。就這樣，我們意像天上掉下來的神仙似的，悠遊其中。

　　核三廠位於斜右方百尺處，登上石階就有美麗的觀海區；我們小心翼翼地繞過泥窪地，在眺望台上坐下來。從椰葉下漫步小徑，並同旅客擦身而過時親切地招呼著；隨後便匆匆離去，直達關山拍攝夕陽。原始林中，但見三兩隻野生蝴蝶飛入枝叢，蟲鳥恣意地喧嚷著；我懷着一種客觀的敬意凝視牠們，一邊心不在焉地捉摸是什麼耽擱了春天。

　　但我覺得吧，關山在我心中，夕陽美的令人感動。雖然距離國家公園還有一小站路程，拍得畫面也簡單了些，但挺好的。漸漸的，一路上，沉默的女兒忽然有感而說，下決心要實現夢想的那一刻是很重要的，因為，真實乃夢想的產物。而我卻回答說，

著手去作的那一刻才是最重要。這段話，說得有意思；我不禁莞爾低頭笑了……從某個角度，我為女兒終於懂事，是不是有一點點莫名地興奮呢。屏東，可愛之處在於那麼點的熱氣，奇的是樹蔭處和美食「綠豆蒜」等卻涼意宜人。結果我們分兩部租借來的機車隨意地逛走，直長的馬路倒也消磨了一整天。

傍晚，走入「冒煙的橋」餐廳時，重金屬的音樂和水流的配合已然非常藝術；有趣的是，旅客都是十分輕鬆的人，倒喜歡上沿路攤販的車水馬龍，夜燈的細膩光影也是溫馨熱鬧的。不過入夜後，氣溫就涼了下來，我坐在舊屋改裝的日式民宿裡，樓窗望出去，正巧十點鐘，璀璨的煙火忽地劃破暗海，後方是隱隱的青山，頗為詩意。濕灰灰的雲氣是南灣此刻普遍的情景，因寒雨不歇，氣溫略低。一覺醒來，剛剛黎明，我趕緊披了件毛外套，母女倆遛上街時，海風加上濕氣，更需要一大把花傘才行。沿灘一帶，懶人樹一排排，紅葉勁落一地。山岩模糊帶雨，別有一種風情；如一孤獨的漁人與一隻大白鷗，在萬頃波中互凝海潮退去的時候……。不多久，南灣又恢復了生氣，我竟熱望著海天上那雲彩一小撮逐漸暈開的紅，那是微笑的影子，掩映著波鱗的光。風吹飄然，那守在雲間的青山如金銀般閃爍……

而今，那小鎮的琴音變成一片雲，落在我夢中，有許多故事可以說。那無數的瞬間，織就成綿密的思念。其實，遊憩小鎮只需一雙布鞋、簡單的行李；在那裡，沒有任何文字能取代你自己；只有將煩惱從文明中抽離……哦，彷彿中，白窗外的椰林，南灣之夜如同貓眼般，如此沉寂，如此神秘，如此吞吸著我在都市中疲憊的心靈。感覺的春天似乎正告訴了我，那黎明仍偎在山梁上；

而昔日沙灘的足音即將消逝在汪海裡、在太空裡、在許我太多的幸福的暮色……。

　　　　　　── 2011.3.2 作
　　　　　　── 刊登台灣《笠》詩刊，287 期，「詩人地誌圖像學」專輯，2012.02，頁 148-150。
　　　　　　── 刊 2015.8.9《臺灣時報》台灣文學版，「文學名家大展」林明理專輯，作者照。

19.神遊薩摩亞藍湖

　　薩摩亞的藍湖，恰如一面無須擦拭的明鏡；陽光照著它時，風動則波光浩淼。那一湖碧綠啊，是那樣樸真、那樣燦爛嫵媚，帶給我永不破滅的希冀、童心般的夢幻……

　　六月的一個夏夢裡，靜夜如洗。在波雲詭譎的天空下，我開始行經六龜、老濃到梅山口後，心怡神曠。忽見一片粉紅的山櫻、桃花，格外開得十分爛漫。我一氣爬上中之關的天池(天地之心)附近，人煙漸漸稀少。再奮力地拾級而上，我就看到了霧氣瀰漫的遠方，群峰在濃霧之間乍隱乍現，山腰以上，都籠罩著昏朦的白霧，有著海上仙島之美。

　　等我稍定一下神，花精靈已牽上我的手，臨空飛盪、隨風而舞。我們的周遭是一片崇山峻嶺，在深邃幽靜的山谷中，迷霧迴繞，樹林依然傲立穹蒼。我們飛過了有生氣的田野、飛過叢叢竹林的後面，飛過許多晶瑩瑩的小溪、有點原始，卻長滿鮮甜的梨園。回眸青山，氣象萬千，壯美得令我們陶醉，並賦予這一頁歷史，最特別詩意的一面。啊，那林中鳥雀在喧嚷著什麼呢？原來是嗅到了藍湖的氣息。我也深感到，不同的風景，越過一山，行至一谷，都別有一番天地。該到了吧，我不禁這樣地想，該到了吧，我又想了一遍。於是，順著一腰谷上，只見被太陽鍍金的玫瑰雲朵虹彩後的天空下，綿延不斷的山峰正籠罩著帶有寒意的雲

煙。我們終於來到它的懷裡。乍一見，我有點不知所措，有點驚奇，也有點激動。這曾經讓我魂牽夢繞的，如果這真是藍湖？！定是瑤池之水漏灑人間。它有種無法言傳的祥和寧靜，我們也幸福地在一取之不盡的大自然中，渾然忘我地暢遊。

之後，花精靈提議，沿後山的竹林幽徑，散步到客棧草屋去。道路兩旁，都開滿波斯菊、金盞花…一隻不知名的大犀鳥咕咕的啼叫著。到古樸的原住民小鎮用餐時，柔和的燈罩映著純樸的笑靨，菜餚、野味，交雜地擺在前面；大家歡欣洋溢之情渲染在整個屋內。隨興瀏覽一片蒼綠之下，欣賞到星月大道兩旁，茵茵綠草，曲徑通幽。開滿紫色、嫣紅、粉橘…各種美麗的花朵，迎風搖曳生姿，恍若世外桃源。不一會兒，我的目光又不由得被拉向煙靄的遠方去了。我們手牽著手，興致勃勃地瀏覽著。一路之上，深感到，原始的藍湖，雖可以提供豐富的旅遊資源，但也帶有一種深不可測的敬畏。直到暮色沉沉的傍晚時分，才一一不捨地飛向無盡的藍天，重返家園。

這次夢幻之旅，你如果問我有什麼最令我留戀？我會毫不遲疑地告訴你，不是沿途奇景的美不勝收，不是它超凡脫俗，不染塵囂的美。甚至也不是它迎著夕陽，妝點這塵世人間。我要告訴你，最令我留戀的卻是因為山水能啟發我們的智慧，無論世間的紛紜如何變化，它始終默默不語。在忙碌中生活的人們啊，那山巒、那曠野溪壑、那藍湖，那澎湃的呼喚聲，最能感覺到自然之美，也能使我們重新得到心靈的喜悅。　　── 2011.6.23 作

── 刊登台灣《笠》詩刊，第 287 期，「詩人地誌圖像學」專輯，2012.02，頁 150-152。

20.卑南樂山的心影

5月19日晨起，我遠離都會的喧嘩，來到知本東遊季渡假；面對這窗外青山的環抱，不禁發出美的慨嘆！公園步道上，巧遇咖啡達人詹丁申，聽老人家如此說，他的咖啡園離此不遠，先生就急急的想去觀賞。決心要跟去時，這情致實足讓我為之興奮了。登上詹伯的越野車，直奔龍泉路，再右轉爬上了樂山蜿延前行。一路上密林野樹，幾隻雀鳥在枝上舞蹈……攀行間，忽覺樹叢漸濃密。約莫十分鐘抵達後，一行四人佇足山嶺。美哉卑南，滿眼蔥綠叢山底下，有疏落其間的幾戶人家；我探身俯瞰四野，只有這縷縷清風，水聲，一時極靜。詹老屋前楓紅點綴，夾雜著綠林與鶯啼雀囀聲，錯出其間；山谷處，霧靄迷濛，恍若踏上一片夢土。

不一會兒，驕陽探出了頭。走在光影斑駁的小徑上，與詹老一路談笑間，逐漸明白，這知本溫泉源頭為本溪南岸岩隙，溪谷間有天然湧泉，水質屬弱鹼性碳酸氫鈉泉。區內除了以泡湯聞名、附近還有觀林吊橋、白玉瀑布、清覺寺等旅遊景點。此外，登臨樂山，這裏的一切是那樣幽清雄奇，山石水樹，溪泉潺潺……在清麗中帶給我的不是一時的興奮愉悅，而是那一份出奇的靜謐，竟不知自己身在何處了。在這裡，第一次體會到大自然的博大與包容。這兒沒有喧鬧聲，也沒有功利與虛偽；沒有霓虹燈下的浮世，眼前只有詹老太太笑容靦腆而親切。

　　順勢望去，一條小路透迤到山林深處，那曾是詹老夫婦徒手彎腰、一步步開闢出來的路啊。這倒是讓我聯想起：這位詹老—曾參加 823 砲戰的老兵，與他這青山之巔到底縈繞著多少不與人知的汗水？

　　正當我們驚奇的時候，詹伯就呵呵的笑。依著他指示的方向，這咖啡園是依山就勢，穩健巧妙；更保留了自然、不加農藥的生態特點。為了守護這片 5000 株經矮化育成的 Arabica 品種的咖啡樹林，不僅天候、土壤、處理技術、行銷樣樣都要靠學者專家跟自己家人摸索；此外，咖啡樹因雨期不定的因素，連開花結果的時序也跟著不固定，所以一定要以人工方式採收才行。園主詹伯的兒子詹明崇為人隨和、積極上進；自從當上卑南鄉咖啡產銷班第七班班長後，父子倆為打造「樂山咖啡」，於 99 年從全台灣 32 家菁英產業中脫穎而出，並獲得國際肯定與獎牌，迄今仍默默站在崗位上努力著。

　　回轉的路上，果然輕快了許多，不到幾分鐘就到了山下。端著詹伯母親自遞來的熱咖啡時，一股清香瞬間散於味蕾，喝起來特別感動。臨別時，伯母相贈的兩瓶自製醃青梅，也別具風味。

　　當我們戀戀地道別了知本，回到高雄大都會的窗前；此刻，月光柔柔的，但我只想草記下這日的遊踪和感恩的心情。

—— 2012.5.22

—— 刊登臺灣《人間福報》副刊
2012.6.18〈圖文〉

21.越野單車散紀

　　是一個靜謐的清晨，帶著一種任性與嚮往沐浴在原野麗日中的心情，參加了第一次自行車探險之旅。不知道究竟是我浸潤著興奮的情緒？還是同伴中早已迫不及待朝向目的地馳騁的背影使然？看樣子我們可以傾心於多采的秋色哩。

　　我們沿著滿佈綠意的小徑行走，麻雀聲乘風而至。

　　出了澄清湖，就往大樹鄉的原野，約莫半小時，爬了一個小坡，曙光已現，晨霧漸失。清風吹起了陣陣漣漪，我將粘上衣襟的湖光，還於金色的謐靜。隨後，直奔前路。一輪紅日，正從東方升起，引導我們默默向前。他們騎得好快，可是我還是緊緊得跟在後頭。越過最艱苦的一段路程後，誰個心裡不充滿了雀躍？從這個時辰開始，行人逐漸稀微，隊友們開始汗流浹背、氣喘噓唏。但在我眼前的天，是如此淨藍，陽光是溫煦的、一切生物都活在其中的自然；而我的位置好似在宇宙中一個幽遠又永遠心怡的地方。

　　我開始徜徉在綠色的山間彎道，遠眺蔚藍之下或深或淺的山巒。這大樹鄉位於高雄市西南部，是中央山脈與內門丘陵的延續；因而，境內地形主要以山地為主。遠望去，它有點像是幅只勾勒出輪廓的墨畫；也是南台灣人心中不可磨滅的風景。或許，它並

不顯耀，但確能保持它的古樸與純真。

　　遠遠的，西北角前方，一隻不知名的黑尾雀鳥在樹林盡處，似飛似飄的朝山的彼岸投去。多麼妙微，多麼靜寂，多麼驚歎的休止音符啊！想不到，那空漠的天空都捕捉到了牠清麗的姿容。啊，這麼多的雲一如斑蝶，停泊於山巔，空氣竟一點也沒有失去它的清新味。但礙於戴上安全頭罩，確實，我只能偶爾看到左方更遠的山陵的主要範圍。這時，電線桿上的小山雀也成群飛來，在天空穿巡。看著那平常僅反映的天與樹，還有鳳梨田、荔枝樹，絲瓜棚上的黃花、蜜蜂和農舍旁聒噪的灰鵝在晨光的草地上。我深深感到，思想是可以讓我們站在我們之外的。時間僅是我垂釣之河，當我不經意地輕搖它的時候，我就像是自由奔放的精靈，亦或挺直的小草，在秋陽底下，彎了腰也挺得灑脫自在……

　　終於在里長伯家，得以歇息片刻。那門前樹下有個極為平坦的空地，頓時，秋蟬的歌聲，清晰而持續的輕喚著，說不出我有多驚訝；而生命的趣味，就在這閑淡的晨光之間無遺的展現了。這裡沒有都市的流光溢彩，有的只是淳樸的山裏人無盡的人情味。或破舊的紅瓦老屋、雞鳴的小巷裡，走出一隻裝上義肢的土狗兒……卻都是我最惦記著的。我很想停留在這個奇美的地方多作遐想，但隊長正催促著大家，奮力趕往終點站「小坪國小」。

　　當我們抵達時，穿過樹蔭的陽光，灑落在石製的泡茶桌面上，同伴們有的拿出香蕉、柚子，有的舖滿了花生、核桃果和葡萄乾。隊長則給每個人都斟滿了現煮的蜜茶，才開始呼朋喚友、愜意地品茗、大啖三明治早餐；讓我體會到互助的情感及友誼，使點點

滴滴的生活，塗上一道溫馨的色彩。忽然，我看到十幾隻八哥齊飛在校園綠地，牠們帶著奇異的叫聲、審視著我們這幫不速之客且毫不畏懼。在秋陽與大地的撫愛下，我趕緊按下快門，心底撥弄的詩琴，也跟著徜徉在酒綠的山林間；我感到一個被遺忘數個世紀的永恆是可能的。

　　回程，背上簡單的行囊，卻已深深感觸到，在紙上觸摸的鳥語花香，不若用自己的心靈去感悟山野之趣；而如何填實自己豐盈的生活，也是重要的。在我回首中，這裡有的是遠山凝寂，時而彌望，時而歡容；一剎那，稀微的碎影覆蓋山丘，似乎即將沒入我沉睡的記憶，却又像是要停泊在我的心上。這就是我親歷山野的全部真實情況。

── 2011.10.23 作

── 刊臺灣《人間福報》副刊，2012.1.31

22.山裡的慈光

　　在仲夏透亮的清晨，再沒有聽到風雨的聲音，電腦桌前靜極。遠山的目光，斟滿了我的思想。是誰？如此緊鎖我心靈的故鄉？那曾經飛翔的夢，忽而湧上心頭，在柔風中飄動……

　　六月中旬前，一個幽微的夜裡，雨添了許多聲浪，而各處的風，滿地的葉，彷彿一起呼號。隱約中，又聽到那八萬四千的詩偈隨風低吟，聲聲淌進了我心深處……但，就像颱風到來前那種沉悶靜止的空氣一樣，我開始有一種不安的心緒；這裡面應該含著深的憂慮和希望吧，使我不能靜下心來。因為，從氣象台的報告裡，一場暴雨正逐步接近中。我寫到這裡，覺得空氣在動了。我聽見風呼叫聲，我不能再寫下去了，我可以瞭解這個土地上的人民受難的情形，他們正咬緊牙關在守護著家園；看來，這惱人的颱風是不會屈服的。人民的狼狽、驚悸與失職者造成的災害，可想而知，令人心痛；但，大自然又超乎尋常地將我包容。

　　等待是焦心的。直到覺鴻法師電話中告訴了我，一切會議都會如期舉行時；十五日傍晚五點，匆匆收拾幾件行李、帶把大傘，就雀躍地出了門。不知是巧合？亦或老天的安排？竟讓我在候車時，遇上了同鄉又同校畢業的古氏姐妹。隨即搭上佛光山的接駁車，走過一條條公路，走過義大世界的興起與繁榮後，山寺便在

我的眼前明亮起來，像在歡迎一個久違的朋友。

颱風警報雖還沒有解決，我倒像隻稻花上的介蟲殼兒，醉入「不二門」高聳入雲的殿堂。我索性不轉睛地望著這靜寂的麻竹園。傘花下，我跟著學姐們拾級而上。一棵棵柏樹巍巍立著，五百尊羅漢並列兩旁；而雨後的鮮綠正巧給寺院增添一份靜穆。

離開這山寺又有兩年了吧。站遠了看，朝山道路前面是巍峨的紅柱旁有對石獅子，階前的「大雄寶殿」原樣地嵌在那裡，似乎未曾被這即將而至的颱風所撼動。我望著那寺壁，頓時，被一種奇妙的感覺絆住了，彷彿要在這裡看出我過去的年少無邪，又像是要在這裡尋找那遙遠又熟悉的舊夢……在這個我永不能忘記的雲居樓，我曾度過了兩個夜晚，受到師父們熱心的款待。雖然每次我都匆匆地來，再匆匆地離去；但我已領悟到，給予也是幸福的滋味。

又是否我的心在這裡想尋覓些什麼？是什麼樣的願力驅使我又回到這兒？

是啊，我嚮往一個夢，多年來也曾奔波找尋。也許，正如六祖慧能所說的：「不是風動，也不是幡動，而是自己的心在動。」不知怎麼回事，佛光山對於我，一直有一種奇異的緣。我住高雄，它在大樹鄉，早該常來探訪尋幽了，然而卻一直難以擺脫世俗雜事，只得一再作罷。到如今，機會來了，有度法師安排了三日座談與講習活動，讓我欣喜難掩，始終沒有停止過。現在學人們也陸續地抵達雲居樓前寺務處報到了。

目睹了佛陀紀念館的壯麗與莊嚴後，相當感動。因為我們是學人，師父及義工們都對我們十分貼心問候。我簡直忘掉一切寂寞、忘掉了一切身體的病痛；我只是個遊子，卻好像回到家園的懷抱。

夜來了。我再聽不見外界一切，除了這晚風纏捲、蛙聲、聽任蟲鳴訴說。樓窗外都亮起了燈。有幾位師父在庭中穿梭著，或許在等待出遠門的我們回家吧。忽然一個熟悉的聲音在我耳邊輕輕地敲起，應該是寺鐘在我心上留下的影響；但是這個時候我卻只想做個平凡又簡單不過的夢。

翌日醒來，我揉了揉眼睛，就聽見小鳥的雀鳴，鳥聲裡有一種安閒的逸樂。在鐘鼓梵唱中，我們合掌、我們頂禮，虔敬地上完早課。齋堂裡，同樣地，受到師父等義工誠摯的款待。休息時，我跟學姐漫步園林、愉快地交談著彼此的情況。她們以在大學教學的熱誠獲得了學生的信賴，我也能體會出她們認真付出的心情。

是的，許多煩惱在這個山寺中都變得稀鬆平常，就連複雜的事也全化為簡單的了。學姐與我也難得能以赤誠的心相見。緊接著，上課於佛陀紀念館本館大覺堂舉行的「星雲人文世界論壇」課程。很顯然地，兩位知名學者之說，獲得了有力的迴響。但我更喜歡聆聽大師的教誨：「是人間佛教，改變了人心。……向上的力量，來自你我……」師父的慈容依舊，步履卻蹣跚許多，連握住麥克風的手都是微顫的……是啊，那聲音讓我的繆思，濕潤了眼瞼……那聲音把每個期待的眼神，都照得更璀璨了。

　　回到潔淨的禪房，稍微休息。當晚七點四十五分再次集合於大雄寶殿前廣場，由心培法師主持「獻燈祈福法會」，真的會「心誠則靈」吧？！我閉眼默禱，為這地土上苦難的子民、為未來的一切風雨災難，懇求福音。之後，我又回到禪房，繼續執筆前還看看窗外。

　　這時，樹上、地上，滿個園子都是蛙鳴。石牆旁，一叢叢樹影輕輕地搖晃它們的身軀。我側著身子去看那一盞盞昏黃的燈光。又開始坐在窗前寫了些字。想起了方才我跟學姐沿著麻竹園行走，撈捕風的步履兒，深一步、淺一步，時光的蜻羽輕輕凝固了……那群花叢竹也頻頻向夜神投遞訊息。廣場前，一位小師父告訴我們，小黑貓名叫「醬油」，哦，是嗎？這名字取得真好。瞧，牠還緊依著我們褲管喵喵地叫。那逗趣的模樣，禁不住為這小東西生憐起來。是嗎？連你也知道要守護著寶殿？連你也知願力是多麼奇妙又不可思議的了？！屋外，星光應該早已寂滅了，在這個靜寂的僧廬裡，我第一次感悟到「知足」的喜悅。看，這幾多背負著風雨在靜守的寺院啊，是多麼莊嚴，多麼靜美，又傳遞一份自在。

　　十七日清早，只見樓外、整個寺院全是一片晴空。夏蟬把難以揣測的大地吻醒，悠長的歌聲撫綠了周遭的風景；紅柱間也漸透出光明的希冀。就這樣，我和學姐慢板地向大殿走去上早課。最近這一次次水災、人禍似乎接踵而來，臺灣土地正在忍受著痛苦，我們待會兒又有新鮮的素飯可食。怎能不慶幸？怎能不心懷感恩？我們沿途嘀嘀咕咕地說著，只有期待風雨過後，政府重建的工作絕不延遲。因為，珍惜環保與心保才是最首要的。

　　早知道會有這麼多學人來聯誼會，因人人心靈深處都渴望有一方淨土；又或許，我們今天有緣齊聚一堂也是一種福報吧！早齋後，開始舉行「翰林學人座談會」。眾生以最虔誠的形貌投入這個儀式，剝除煩惱，剝除外界的風雨、終於來到佛的跟前與大師見面了。這一切豈不是一種超乎尋常的緣分？我的心這樣想著。

　　繼慈惠法師〈經典與人生〉精闢的演說後，沒想到這時，星雲大師又準時前來如來殿四樓的大會堂。一進場，大家紛紛主動起立，掌聲中，我的眼睛又濕潤了。這裡有嚴肅的時刻，也有幽默的時刻，人生三昧盡在其中。甚至可以說，是歡笑與淚珠混合在一起的。我相信大師說的話，因為，他講得明白，講得有哲理。不錯，佛光山寺不只是消災祈福的寺樓，它實際上已然成為一種至為莊嚴、又是所有佛光人心靈的庇護所在。佛陀紀念館再次為佛光山在國際上締造出奇蹟，讓人驚嘆它的獨特與美麗。

　　沒錯，這裡是一個親善的大家庭，我們都是佛弟子、都是兄弟姊妹。新建的佛陀紀念館內的禮敬大廳、佛光樓、菩提廣場等等的奇美，令人驚異。但是，大師仍不間斷地在告訴我們：「翰林學人要做官，先學習禪門……山林不需要佛教，社會需要，佛教不該是寺院私有，是社會擁有的……」它默默地在宣導佛的教義，與天地永恆。每次回到這殿堂，常常不自覺地感動。尤其是在不知要往哪裡去？究竟要幹什麼的徬徨之後。因此，佛光人有幸，尤其是身為翰林學人，更應感到一種責任的重大而振作，不要再次讓自己掉入悲傷或苦悶的泥沼中去了。

　　記得星雲大師曾寫過：「禪修，要耐煩。不要做半調子，不要做假禪師。道德可以裝假，說話可以裝假，唯有禪，是假不來的。」我很愚昧，只記得這幾個字，因為它們深深地感動了我。我看見了一種精神的火花、一個禪家的智慧與深情；因為感恩，危機才有了機會，才會有這多采的世界。因為感恩，才使人變得恬靜而柔美。因為追求愛與光明，才能讓自己人生亮起來。

　　這裡，也有許多無私的菩薩或國際義工，終年默默地付出了愛，為清苦與不幸者及時伸出援助的手、給予了無上的安慰。他們用誠摯，用堅信，用恒心來感動受災難的人。這如何叫我不感銘？如何叫我不慚愧？原來一片慈光遍照法界，事事含佛理，處處皆有因緣。我的心也因參會中莫名的感動而微微地顫抖了。

　　和諧的午後，陽光正好暖和，向牆上的雨痕走過。那隻黑貓又在蔥郁的樹林中穿梭，單看著，就是說不出的快樂。而夏蟬聲開始響一回停一回的……就這樣，讓自己的思想遊離於生命之外，暫時擺脫肉體這沉重的枷鎖吧！在這一季，空餘的笑聲低迴，只聞夏風向甜美的小草殷勤問候……

　　午齋過後，公車離站時我心裏的確充滿了留戀。但是山寺之夜，潔淨的塵土，清風雨露，磬的迴動，和廣大視線裡一片蒼鬱的樹林及大師的慈容，這一切驅散了我的離愁。我不禁想把頭伸到公車窗外，去呼吸廣大天幕下的空氣。原來生命是這麼可愛的。我很慶幸，自己又一次離開了狹小的家，迎向風雨後的慈光裡！這一定是我的心靈之燈，它永遠給我指示我應該走的路。在這些學人身上，我學習到了對信仰的堅強守護與對人生信念的勇敢追

尋。其實，修行就是從認識自己開始，認識自己的內心深處開始。如果能追尋到內心的一份純淨，將會使自己無限歡愉。

今晨，我一睜開眼，發現已在自己的家中了。原來我剛剛失去了一個夢，是啊，走過風雨，又是一片澈然晴空，那不可捉摸的時間已流逝到光陰深處了……

再回首，我像綠光裏的羊，把腳步放慢。如今，我已知道人生要有一種執著奮進的精神。雲不曾改變其顏色，我的思念也未見停歇——在山裡與夏蟲一起歌詠的季節。

至今還依戀著那個地方和兩位學姐的笑容。我是個平凡又頑固、很努力跟黑暗鬥爭的人，雖然有時也會責怪自己膽小或魯莽的行為；但為了追求充實的生命，這點倒是沒有絲毫改變的。

其實，生命的寬度是可以伸展的。每當思念流淌在山寺裡的溫馨時，我的眼前就隱約地現出了大師的叮嚀。人生是不斷的因緣際會。我可以想像，在山間、園內，在寺裡常見到的友情，也必然在國際的佛界綻放出祥和之花！

—— 2012.6.18 作
—— 刊登臺灣《人間福報》副刊
〈圖・文〉，2012.7.23-24 兩日

23.《鬐鬃花》的邂逅

　　盼望著，盼望著，七月來了，直到十二日午後，我步進『人間衛視』棚錄影門口，我仍然可以感受到那興奮的心跳。

　　這是真的嗎？還是幻覺？我原攜帶滿滿的盼望，竟多了一些遲疑。

　　電梯正努力往九樓攀登，我在迷離恍惚中，已來到一扇容納佛光的大門，有兩位師姐端坐著，親切的笑容從裡面溢出來；她立即引領著我，走過一兩個迴廊…當眼光停在八樓牆面，一幅星雲大師的肖像前，我才看清自己跋涉旅途的影子。那一刻，不必再焦急，不必再有不安全感。不多時，執行企劃大偉的適時出現，鼓舞了士氣；他讓美容師簡單的幫我補妝，這是一場多麼來之不易的幸福啊！我感覺到歡，又感覺到寧靜，是啊，這裡，更宜於思想；而讓時間稀落得只剩躲入細縫了。

　　一切都像原幻想的樣子，三點準時，主持人朝方一到，我一下子被那俊逸的儀表所吸引，到處見到的是幕後工作者和悅的微笑。我從內心裡感激這次的相遇，據說，朝方是位客家音樂新秀，穩健的台風與專業的團隊，他們鼓勵了我，終於順利完成錄影『知道』的製作前頁了。

　　我欣欣然回到家裡，夏夜捫心，我自省，坦率地承認：其實我並不瞭解朝方呀，這一年輕、文淨的男孩，甚至連他的名字也沒有聽到過。在我的智力飛躍中，我不禁地按下搜查的網路。啊，第一曲〈髻鬃花〉〈註〉，讓我內心感到震盪，宛如青煙吐出斜坡，緩緩地把我朝一片田園送去，那裡砌有一老屋，阿婆的銀髻鬃在風中結成朵朵潔白的花，殊增懷舊的佳趣與一股莫名的淡傷。電腦螢幕上的那朵花，一時也迷濛了我的視線，到曲終盡頭，才看到朝方為維護客家語言的傳承與爭取一個文化的生存空間的那份堅持、那份美。

　　彷彿中，也漸漸明白，朝方選擇了從法律系走向音樂創作與當義工、主持人，是那樣的毅然，不是帶著年少的叛逆不羈，也沒有後悔過。雖然他也曾背負著來自擔任鄭永金縣長父親的質問，但他義無反顧，繼續尋找為故鄉的給予和饋贈。他懷想往昔、追念祖孫間的真情，為愛而謳歌。那皈依靈魂的客家鄉夢，在臺北城市喧囂的日子裡，他恰如一棵淡泊靜謐的柳蔭，而那永無休止的禪心也伸向天空了……

　　當繁華褪色，人會變得越來越渴望心境歸於平靜吧！而什麼也描繪不出這《髻鬃花》一系列〈老屋、海浪花傳的話、藍衫稻草人、土地之歌…〉令人沉醉的歌！那美妙神奇的、真樸的客家歌聲也斜倚著，如夢如幻似的，把一朵朵髻鬃花送入每個思鄉的遊子心中。那巨大的田園山坡上飾滿的花，也寂靜得像那夏日邊境、眺望明月的清暉……

註：〈髻鬃花〉鄭朝方作曲

　在家鄉　　開等一蕾白白靚靚介花
（在家鄉　　開著一朵朵白色漂亮的花）
　一蕾花　　看起來就像人擎等一支遮
（一朵花　　看起來就像是人　著一把傘）
　打早　　在田園山崎　　暗晡頭又轉到涯介屋
下
（一大早　　在田園山坡　　晚上又回到我的家）

　該蕾花　　系阿婆頭林頂介髻鬃花
（那朵花　　是阿婆頭上的髻鬃花）
　髻鬃花　　唔驚日頭烈烈天公轉風車
（髻鬃花　　不怕烈日驕陽　　天公吹大風）
　哈哈　　毋管到奈位　　心肝盡在
（哈哈　　不管到哪裡　　心裏都安穩自在）
　心頭暖　　一支遮
（心裏都有溫暖的感覺　　一把傘）

　　　　　　—— 2012.7.16 作
　　　　　　—— 刊廣東省《清遠日報》2012.8.10 閱讀版

24.「高應大」佛文盃觀禮有感

　　十二月八日，應旭輝之邀，抵高應大，時已中午。旭輝是文化發展系教授，又是飽讀詩學的人文學院院長，專論精闢、風節皎然。

　　行到校園，清幽得似小山溪，似佛前的一朵蓮，靜靜地微綻在四周。眺望遠近，氣象莊嚴雅潔，學子們樸實清純，令人精神愉悅。看版中額上大大地寫「高應大文發系與佛光山南屏別院聯合主辦了2011『佛文盃』創意文學環保情境公仔競賽」等字，在初冬陽光裡閃爍著光輝。

　　這是旭輝為響應星雲大師所提倡的「環保與心保」的觀念，讓學生瞭解到環保的重要性的一項創舉。多年來人類罔顧「環境倫理」，致自然生態的平衡受到嚴重威脅。大師希望我們對於內心的塵垢，當努力消除；對於外在的污染，也應身體力行做好環保。而我定神一看，一張張溫柔的笑臉，用不著再多說話，我確實被現場溫馨的氣圍震動了。

　　不多久，來賓席上，經交談，遠道而來的師姐及會長穿著整潔的制服，師父們也充滿慈悲，不禁恍感身在佛山。首先由副校長致詞，當他感性地說出，「佛教就是慈悲與智慧。」，博得一致

鼓掌；旭輝也露出英姿氣概，欣喜地歡迎各界訪友。接著，活動中一個讓人難忘的細節是，佛光山美術館副館長妙仲法師講道：「實行佛法其實不難，只要心存『諸惡莫作，眾善奉行。』佛陀希願現世是極樂世界啊。」尤其深得那觀台學子的讚賞。

此外，台灣女性創業研究發展協會朱淑貞理事長，極讚在翟治平老師指導下，學生各組均發揮了創意表現，希望同學有機會也共修一日禪。而資策會連亮森處長也誠摯地呼籲：「星雲大師說過『一言一行，皆為利益眾生而作』。」最後壓軸戲是由王璧寰老師當眾揮毫，俊逸的書法立即贏得很多人圍觀，大有氣韻生動之緻。

雖然才一霎工夫，一個半小時的活動已在歡樂中結束。旭輝找了對街一家飯館，幾位評審遂入內用餐，那裡沒有任何葷菜，卻能一盤盤很豐盛的做出披薩、義大利麵、焗烤飯出來。讓我終於明白了，佛曾經說過，修五百年同舟，修千年共枕。回想起五年前病危間與友人至大雄寶殿，一滴佛的眼淚恍若植入我心中，它玲瓏剔透，光華燦然，如一粒佛珠。 —— 那時我遽然而覺，發現我們的生命來自宿命的輪迴，於是，我開始學會思考，那麼，又該如何增加生命的分量呢？我們愈要使之過得豐盈飽滿，就應更感到要惜緣惜福，這就是我參佛中所得的寶貴啟示。

餐會中，旭輝說，他自幼罹患難解之謎的偏頭痛，經四處尋醫、不得根治，近半年來，因與妻改吃全素、奉行佛事，竟不藥而癒。聽他一說，驚訝萬分；這種情景，與我遭遇有幾分相似之處。僅僅這一點，就使我特別欣喜感動。我相信，大師曾教誨：「發願。向上。縱然不能完全實現，也會得到進展。」讓我從思緒紛亂轉而沉澱成寧靜。而「環保與心保」的大課題，既在高應大這

裏開始萌芽，又在這裏生根。一股欣慰的滋味，瀰漫於校園，瀰漫於我心。他們系上師生間感情，簡直是個家庭的濃縮體。我執教過、也走訪許多院校，卻未曾見過如此具有願力的所在，以行動實踐得令人有點難以置信。

其實我們真正友誼的開始，還是今年同在臺北開會時，算起來也只有兩個多月的交誼；他比我小六七歲光景。旭輝到高應大來教書前，他總是極力馳騁於詩學的想像，我們因住得很近，後來證實了我們同是雲林縣人時，他笑了，說這相識多麼有趣！他告訴我出身於務農的家庭，童年的環境，我感著很大的興趣……他在家是個好兒子、好先生，在校是個好學生，好教師。這種簡單淡泊的人格，是需要相當的定力和持之以恆的勤勉。他總是默默站在自己的岡位上，做著自己該做的事情；也以永恒的熱情與天真，溫良與認真來從事於他的創作與教學。

寫到這裏，想起離開旭輝的學校之際，不知怎麼，忽然對那些學生們辛苦的作品特別懷念。這時我心中忽起一個念頭，真想告訴那些莘莘學子：就在這港都，一個草木扶疏的溫暖所在，是我實實在在，生平第一次剪彩時感受到，一個好友的開朗與敦厚。在我同他個別談話的時候，我還珍重的向他祈福。無論如何，他就是我從多位學者之中，特別的佩服讚嘆的。他的臉上時而浮著超逸的笑容—那是為善實現的微笑、謙恭的微笑、佛光人的微笑。

—— 2011.12.09

—— 刊登臺灣《臺灣時報》，台灣文學版，
2011.12.16，頁 18。

25.雨抹輕塵　清磬疏鐘

　　去年十月二十六，與友人胡其德教授、何醫師從護國禪寺、孔廟，一路遊歷到保安宮；回想起來，歷歷在目。廟外，混著香火味，還有遊人陣陣的笑語，都在微微潤濕的空氣裏醞釀。我的視界無由伸展，可以看到廟前石雕裝飾中的盤龍柱，神氣活現，扮演著守護建築物的象徵。還有一對古樸而精雅的石獅，特別表出。相傳這對石獅，一隻是仁獸，一隻是法獸，立在廟前，是在呼籲天下，重視法律，施行仁政。在這兒，給人一種神秘的、莊嚴雅靜的美質，一種原始的宗教情感竟油然而生。

　　返身入殿，從廊前四處看，心胸為之一闊。傍走進去，清潔高敞。經過天井來到正殿，可看到主奉神明保生大帝神尊。保生大帝是福建省同安縣人吳姓名吳本，字華基，醫術極精湛，相傳大帝升天後，依然時常顯靈，為民除害、醫治百姓疾病。所以宋高宗在西元 1151 年為祂建廟，宋孝宗在西元 1171 年封為「大道真人」，因此保生大帝又稱「大道公」。另外，兩邊奉祀的是 36 官將神像，是西元 1829 年，聘請泉州名師許嚴來台，前後費時 5 年才完成的雕作，神儀俊朗。同時，還可注意到牆壁上有七幅珍貴的彩繪，分別描述中國民間故事，實為難忘的意趣，予人舒展的、文雅的氣息。

　　我特別喜歡奉祀的註生娘娘，色彩明麗，背景圖畫成功地再現了客觀的自然美。兩旁有十二婆姐，分掌 12 個月，主管婦女的懷孕、生產。後殿又稱神農殿，主祀農業醫藥業祖師神農大帝。相傳在一百多年前，台北好幾個月不下雨，所以住民就虔誠祈求神農賜雨。果然，沒經過多久，就下了一場大雨，所以住民就恭迎神農大帝到保安宮後殿奉祀了。每年農曆 3 月 15 日，為慶祝保生大帝聖誕，特別舉辦結合宗教祭祀、民俗技藝、古蹟導覽、藝文研習、美學競賽、家姓戲、繞境踩街、過火等一系列活動；是目前北臺灣最盛大、最熱鬧，人氣也最旺的廟會活動。

　　大龍峒保安宮雖不如臺南安平古堡有顯赫的歷史，但也因未經那麼多戰禍，加以精工的整修，故能完整地保存了下來。在建築上，它是屬於富麗型的，其內部的裝飾趣味包涵一種獨特歷史背景的餘韻，遂而成為遊客觀光的薈萃點。從外部空間結構看，視線由入口的兩只石獅開始，其間裝飾藝術，如龍柱、花鳥柱、剪黏、泥塑、交趾陶、木雕、彩繪壁畫等，形象逼真且輕鬆諧趣，予人以精神性及感官上的愉悅，亦有文化薰陶之效。各種縈迴盤繞的動物雕塑，除了飄逸的裝飾作用外，還具有另一層意義，例如：蝙蝠代表「福」氣、四隻蝙蝠有祈求「賜福」之意，鹿表示「祿」位、鶴代表「長壽」。這些浮雕、透雕、線雕、陰雕等等遠近馳名的石雕藝術瑰寶，每一件都具有歷史及藝術的價值，是保安宮不可多得的傑作，深受民間喜愛。

　　保安宮在日據時期的重修，曾延聘大稻埕第一木匠郭塔及陳應彬兩位匠師，以廟宇的中軸線劃分為左右兩邊，各自發揮其建築技巧。當年陳應彬負責東邊的木雕，擅長於斗拱，尤以蟒虎的

造型最為獨特，充蘊著純中國風的雄偉形象。而負責西邊的郭塔特色是較為西式風格，建築雕痕造型優美，表現出渾圓的質感。據傳陳應彬獲勝後，郭塔無法認同，遂而在作品裡悄悄的留下了「真手藝無更改」、「好工手不補接」的話語來暗諷對手，留下一段百年佳話。

　　此外，保安宮正殿東側，兩屋簷間的水車閣設計上有幅郭塔的「八仙大鬧東海」的作品，然而陳應彬確認為不需要有多餘字在上頭，於是就成了今日我們只見西側「鬧東海」三個字，這些對應的彩繪畫面，十分奇趣。其間，剪黏、泥塑或交趾陶、木雕，都透露出畫匠強烈的主觀感受及深沉飽和的情思，它是一種美的形式，而這種良性競爭就是當時流行的對場作。因此欣賞保安宮的裝飾藝術時，亦可同時欣賞左右兩邊、不同匠師的作品。

　　接著，正殿迴廊牆壁上的 7 幅壁畫，給人的美感享受就更濃烈了。這是國寶級彩繪大師潘麗水的作品，它表達了忠孝節義等傳統美德的民間故事或神話傳說、歷史故事等文學典故，也能顯示出畫師的獨特藝術風格。主題分別為：「八仙大鬧東海」、「花木蘭代父從軍」、「朱仙鎮八槌大戰陸文龍」、「鍾馗迎妹回娘家」、「韓信胯下受辱」、「賢哉徐母」、「虎牢關三戰呂布」。其中，印象鮮明的是，黑面鍾馗身著藍衣柔軟自然、眼珠親和地與外甥互動；令一旁十分畏懼鍾馗的小鬼一臉狐疑的表情，形神逼肖，氣韻生動，讓此幅浪漫的想像，兼具靈巧與詼諧之趣的畫作，賦予彩繪壁畫一個嶄新的詮釋角度。而大戰陸文龍畫壁圖中的左右兩匹駿馬呼之欲出，讓觀者的每一縷生命纖維，都想跳躍；更加豐富了色彩的對照。轉彎後廊的花鳥柱似乎都在歌舞，每一雕塑都有其脈搏與呼吸，正吸引著遊客們的吟笑，也組成了一幅幅有聲的畫。

　　目光越過了殿後，步子不得不放慢，漸漸端詳起四周的奇景。起初我當然不懂保安宮的時代意義，完全是從友人的口中聽熟的。保安宮內，我虔誠默站一會兒，也求得一上籤。秋日傍晚，偶飄細雨，信徒們祈福的背影漸漸含糊。廟中仍絡繹不絕，如雨入湖。裊裊上升的爐煙如霧、檜柏濃蔭，莊嚴的佛像，巍然端然。登上殿樓，眼前盡是紅瓦，掩映雲天之下，調節著我的鼻息。我開始變得舒適，宛若一個悠然朝拜的信士，期以達致一種平遠而放逸的華嚴真境。

　　大龍峒保安宮重建以來雖經過多次整修增建，但由於建造年代已久，更遭風吹、日曬、蟲噬，嚴重影響建築本體。為了維護文化資產，自西元 1995 年起，再度決定重建以來規模最大的修復工程，保安宮自力籌措全部經費，並自行統籌、監造，成為全國首宗民間籌資主導古蹟的案例；歷時 7 年後，花費高達 2 億 6000 萬元、動員 60 位工匠才大功告成。特別感慰的是，修復工程更於 2003 年獲得聯合國教科文組織「2003 年亞太文化資產保存獎」。這幅銅製獎牌也置於正殿牆面，因而豐富了保安宮古蹟的建築藝術，引人生發崇敬的審美心理。

　　這時瞧見，一些香客們圍著拍攝最美的姿勢。我臨走前依偎著石欄張望，只見暮色中開始降著柔軟溫暖的疏雨，樹葉子卻綠得發亮，紅瓦烘托出一片安靜與平和，這是一次難得的生活體悟。那天傍晚，當我裝滿行囊的視覺形象，已告結束。我回頭看了一眼西天，昏黑的雲邊，馬路上，撐起傘慢慢走著的人，那裏，一個古老寺廟的餘暉在揮手。

　　我深深感觸的是，世間堂皇轉眼凋零，喧騰是浮生。保安宮似乎足以成為一種淡泊而安定的意象表徵，它較之於顯赫對峙的大型寺院，保安宮比山林間的茂樹更有生命力及建築美。還保留和標榜著一種超塵的靜謐，讓生命熨貼在既清靜又舒展的角落。在我心中，它就是一種宗教性的人生哲學的生態意象。它足以反襯出一個清幽而不死寂的美的境界，它又穿插著一種合乎人性的光明的重建，而這動與靜的對立的統一，正是如實地表現自己感動的過程。

　　在今夜，我打開了一扇透視靈魂的窗口。我似乎聽到了保安宮的敲鐘聲，輕輕的，隱隱的，卻聲聲入耳，灌注全身，如遊故地，踏訪著一個陳舊的夢境。我到過的保安宮，閉眼就能想見，一座座雕刻精緻的石雕，穿過簷前到樓庭，我寧靜地坐在那裏看著過往的香客。保安宮少了那種滄桑之慨，多了一點暢達開明。它保留下多少遺跡，也就有多少歷史的浩歎。然而，它的歷史路程和現實風貌都顯得平實而悠久，就像經緯著它們的盞盞紅燈籠的宮前。一點點黃暈的光，烘托出一片安靜而和平的夜。

　　我想起保安宮給人以親切感，還有別一原因。歸結來說，在於它是當地民俗、文化、信仰有機地配合在一起。再遠的都要到這裏來參觀，也不能忘情於這裏的寧靜；再苦寂的，只要觀瞻這裏的一角秀色，就會變成一種治療心靈的藥劑。其雕塑藝術深奧的理義可以幻化成一種知性的導覽方式，而背著行李來到保安宮朝拜的我，眼角時時關注著寺廟內外建築的藝術功力。我們三人沿路談著，走著。保安宮，是古風蘊藉、文氣沛然的。我想，短

暫的旅程也像人的一生，在起始階段總是充滿著奇瑰和險峻，到了中年後的我，未來怎麼也得走向平緩和實。在這兒，那無數雙藝術巨手把我碎成輕塵……保安宮，像母親的手撫摸著我，晚風起了，它帶來些淡淡的檀香味。

—— 2010.10.30.

—— 刊臺灣《大道季刊》第 62 期，
2011.01，頁 10-13。

26.古道尋幽

　　五點時分，春雨乍過，空氣中清爽了許多。與友人踏青的路上，歡笑歌聲不斷；山路迂迴，抵達雲海大飯店前，小憩十五分鐘。

　　往涼亭外望，但見似絮的白雲，迷漫在群峰之前，遠處的臺灣海峽，在濛濛中不甚看得分明；而山林的蒼翠、竹叢的青綠、檳榔樹的筆直，青山真有美極的時候。周遭色調和諧互補，由遠而近，層次地展現了美麗的雲海風情。那撥弄的詩琴，跟著徜徉在酒綠的海岸……我用採擷來的野花，朝遠遠的天邊飄去，飄去……；又像一隻蝶飛回，這晨曦下的赭紅的岸水。而那飄閃的浪花，輕輕把回憶安放。

　　當車子輾轉到了瑞太古道時，山色空濛，霧氣隨風嬝娜，環繞著山澗，好似畫境般的湖山。順著「忘憂林」步行漫遊，得一大竹林，孟宗竹的塵垢早已被雨洗空；竹影洒地，頗有清幽絕俗的詩意。歌雀的身影在風裡追逐，是搖晃在雲層的隴頭雲？還是落葉？正低聲地描繪我們的微笑和眼睛……任時間緩緩，停泊在這個雨意加深的午後。

　　春在枝頭，雨又輕盈地沾滿我的衣袖。續而返回「綠色隧道」，等候隊友一一歸來，共享烹煮午餐的樂趣，也算是此趟旅遊的一

種清福吧！飽餐後，一行人沿著茶園的山徑而歸。沿途丘陵起伏，竹林蒼茫；在峰疊的群山之間，但見一座大象形狀的高山，甚是奇妙。遠處一畦畦的茶樹，在微雨後，特別蔥綠得可愛。我們的心靈也陶醉其中，彷彿一切塵世的煩悶也逐漸沉澱消除了。

返程的高速公路上，已經是日輪將落；夕陽的餘暉，自淡而濃。從窗口遠望紅霞滿天，雲片綻放出綺麗的色彩；不多久，天上的紅雲也淡了下去。暮色中點綴在山間的燈火，一閃一閃地美得似螢火蟲；回到家中，已是暮色沉沉。今日所見大自然的滋潤，大自然的優美、寧靜，調諧在這山林間不期然的淹入了我的心靈，成了一種內在的莫名感動。終於，我慢慢地弄懂 —— 唯有真誠面對自己，那一片大海啊！即一幅畫。

從冬晨的眺望日出，到初春的柱香裊裊；從雨後的兩道彩虹，到暗夜的星光漁火……噢，再也沒有比親近山海更令人徘徊難捨。那古老的村塘，凝碧在田田的綠荷上；而我們曾經雀躍地踏遍它倒影的淺草上，看幾隻白鵝，從水面啣起餘光。夜深了，雨落行道樹上，春天眯著眼，編織角落小貓的夢。一陣冷風從窗隙中飛了進來，我歸至書桌構思，雨聲淅淅，奏出了清新的音樂；我卻無端地浮出了些微笑。我覺得現在生活得很自在，內心充滿法喜。佛家講「願力，念力！」只要能提筆，我的心著實有說不出的高興。我想，因學佛而重獲心靈自由的我，就是這種心情吧！

—— 2011.2.23
—— 刊《人間福報》，2011.3.8

27.黃金樹

今晨，友人提起，今年二月因車禍，傷及手肘，連續開刀兩次；到現在還繼續復健中，也因此而沮喪過一段時間。我一聽，也蠻同情她的。就說：「還好，災難都過去了，妳現在仍能繼續當義工，也很好呀！」

我們一邊說自己的遭遇，一邊為彼此打氣；昂然前視，胸懷為之一闊。

可不是嗎？如果我沒有親身經歷骨折，也許不能體會她的疾苦，唯有「身歷其境，將心比心」，才能感同身受。

梅雨後的今天，籃球場旁，有一顆楊樹林，在朝陽下散出黃金般的光輝來，鑠鑠閃動。就連周遭的樹木也蒼翠欲滴，深深淺淺暈成許多層次；遠處紅綠相間的 PU 跑道，給人一種寧靜的感覺。原來校園的一角也有美極的時候！至於麻雀聲，耳畔不住地可以聽到；頓時，更使我心境開朗。

回家時我想起，有句猶太格言說：「人生最大的痛苦就是無法向人吐露心聲。」一般人之所以會向朋友吐露心聲，就是希望藉此使友人能和自己共享經驗，也好讓自己擺脫苦悶的心境。然而，所有的困頓都是人生不可免的歷練；經歷痛苦才會成長，最後才

可能達到有所體會的境界。如今的我，只想繼續鼓舞自己，茁壯
成一棵能迎風、遮雨的黃金樹，傲然於天地……

—— 2007.05.23

—— 刊於《人間福報》副刊，2007.06.15

28.竹子湖之戀

　　霧裊裊在斜坡上，在竹子湖附近嬉戲不歇……當我把耳朵貼進七星山，我就聽見那百鳥在夢中振翼飛舞的旋律，那些老農在訴說著半生的酸甜，那蓬萊米原鄉的故事和不斷起伏稻浪的和絃。

　　台北樹蛙鳴叫，珍貴而奇美，在水池邊跳躍。樹蟬用盡力氣嘶鳴了整個夏天。當月光灑落小油坑前，一種富於音樂性的思想忽地而起，在天籟中交織 ——

　　啊，飛去吧， —— 那兒有沉睡中的夢土，風、海芋和清泉。

　　在這樣的夜，一樣的露水，啊，我甦醒，而空茫之景如水。也許那兒的光和可遇不可求的秀麗又鐫刻心動， —— 只為人間，而我徜徉在這島嶼東緣，在眼睛明暗交接處迎出了樹影靜怡後的思念。

—— 2014.6.17 於台東
—— 刊《人間福報》副刊，2014.10.24

29.燭光的躍動

　　十月五日午後，有如仲夏般燦爛的陽光裏，風息是溫煦的，我急步地趕著參與一場美的盛會。果然，在高雄小巨蛋體育館內，來自世界七十多國，近一萬七仟名佛光會員齊聚一堂，場面的歡欣，普徹了四方；對每一個會員似乎都能感受一種激奮力量、一種榮耀和希望。

　　在入場儀式之後，全場以起立方式熱烈地恭迎星雲大師致詞。我彷彿聽著來自天籟的光明的聲音，他的言語如寧靜鄉村見底的清澈小溪流，緩緩潺潺；但仔細聆聽，他的真情流露如江水般自然，感性而幽默，也把眾生帶入一個知性淨化領域。

　　大師說，世界上最大的東西，是虛空的；空氣最普遍，陽光最普照，大地提供給我們生長與使用……佛光人啊，你們來自世界各方，要心存感恩。我在那裏聽，在那裏沉思，字字叩動著每個人的心弦。

　　馬總統隨後演說中，特別推崇大師常說，要「存好心、說好話、做好事」，「有佛法就有辦法」；也憶及當法務部長時，大師答應佛光會要接受挑戰，願意協助「戒毒村」推行的那種勇氣與擔當，令他十分動容與難忘。大師也曾說，在宇宙村內「同體共生」的理念；他的影響力，在不同的階層，在海峽兩岸、在國際全球間。

總統也期望均能和諧共生，讓地球未來更美好，更值得我們為它奉獻。

而吳伯雄先生，因心臟剛開刀不久，仍不辭辛苦地趕來赴會，也勉勵大家，有能力的人，多給貧窮的人一點愛，一點慈悲；能做一個菩薩與義工，是最有意義的事了。

緊接著在授證頒獎後，一系列的表演活動開始上場；光影中，舞者曼妙的姿影與樂鼓齊揚，充滿了動感和力度。尤其是，佛光育幼院小朋友的精采演出，一種特異的感動不是平常的話語所能窮盡的。

最後，是獻燈會上，大家在盼望，在誦唱，在祈禱 —— 當萬盞燭光齊點於黑暗，我的心跟著所有人同在一個脈搏裏跳動；而後，滴下了，隱隱，在心底的淚光…。我的思想和著靈動的梵唱，萬人的祈福，流入法喜的芬芳……

我看到不遠處，大師靜穆又莊嚴的背影，回想起他的一生，四載奔波，竭力提倡人人努力發心，以為只有身體力行，「化世」是聖潔的，益人的；希望眾生性靈能提昇，來改變黑暗的現實，恢復社會祥和的寧靜。

也想起過去大師的叮嚀，有的抒發他的生活經歷，有對佛光文化、教育、慈善事業如何與全球接軌的想法；這些都是他從現實感受中提煉出來的，一切均從愛的感受出發。他的言語風格儒雅謙恭，也比較純樸真切，於平易中透出溫暖。

儘管現實的社會，人與人間常畫地為牢，然而祈望人們從此

消病袪災，擺脫塵世之累，這對一般的現代人來說，無異於癡人說夢。但在星雲大師的自我感覺中，「菩薩是眾生的義工，義工是人間的菩薩」；菩薩行是他畢生不變的原則，也成就了歡喜隨緣的性格。他也胸懷強烈的愛鄉愛民的熱情，四處講學，常能因而啟迪眾生，萌發起對佛教淨化人心的濃厚興趣，使人如促膝談心，倍感親切；對國際間的援助行動，更是不落人後。而我的生命也因受了大師感召力量的震撼，所有的感動，都指顧間散布燭光於黑暗。

　　我愛背誦他的語錄：

　　　「不擇細流終成海洋，
　　　　不辭土壤終成高山，
　　　　不恥下問終致淵博，
　　　　不飾過失終達善美。」

　　這不是抽象的哲理，而是具體的生活。他也讓我瞭解到，愛，不分彼此，愛不分遠近；他的愛，更是佛光會員生生不息的原動力！

　　過去的種種無明，漸漸的模糊，漸漸的暫時忘卻了；如今，夜深了，彷彿中，猶見大師慈悲的臉龐，採得幾朵悠雲，在佛理山中，欣受幾滴雨露；而行雲流水縱然自若，也無法隱藏他們想跟隨大師剎那間的凝視，永向前引……

—— 刊《人間福報》副刊，2008.11.03.

30.聽雨，僧廬

元月二十五夜，一行三人正像是去赴一場知性之旅，上山參與翰林學人聯誼會。

走上石級，濡溼的夜霧，隨風嬝娜，真是如畫境般的湖山，但見廟寺莊嚴雅靜，殿前花草扶疏，堪為幽美之點綴。走了一會，受到熱情的安頓後，夜已深，雲居樓上，山居清潔高敞，紅塵飛不到，夜霧有時來；對即將初次會見大師的我，難掩興奮之情。

隔天，我起得很早，下樓上早課時，一層濛濛的微雨，把山中的樹林，遮得同水墨畫一樣；那清澈的梵音，對我似乎有一種甦醒的力量，彷彿催促我——一個過去應無所歸依的人，選擇踏上這一條參佛新路，精進向前。

雨後，樹的光青碧綠，疏疏密密，映在山中，充滿了凝靜，超逸與莊嚴；一切讚美的言詞、文字都喪失了，幾乎美到頂點。在晨曦中，會飄飄然的忘去了人世的思慮；就連素齋飯，每嚼一口都會有特異的感動。

在一連串精彩演說之後，全場以起立方式熱烈地歡迎星雲大師。他的演說，表現出追求和諧社會和嚮往族群共榮的願望。作

為一個佛光山的領導者，更多的是表露出對生活的智慧與生命的開悟。

元月二十七日，早課時，聽著了朝山者的梵音，那鼓聲、鐘聲……緩緩地迴盪在金漆的大雄寶殿裏，剎那間，在大佛的眉宇凝視下，有如生命中的痛苦汙濁與沉渣，都隨之淨化了，在心靈裡……在我不經意的溼了眼眶裡，這一瞬間的顯示，是緣份嗎？是佛的感召嗎？而所覺悟裡流出的欣喜之淚，在莊嚴的靜定中，終消失了。

星雲大師很儒雅，有圓圓的臉，笑瞇瞇的嘴角，像古書上畫的彌勒佛一般。可是，他說起話來，也十分幽默的，細小的眼裡，眸子放出晶瑩的光。坐在第二排靠走道位子的我，正是視野上瞻仰大師最好的地方。

他說起話來不急不緩，有段話特別印象深刻，他認為天堂和地獄都在人間，善惡必定有標準，又說，宗教是教育，應傳教，而不是「慈善團體」，不是以營利為目的的「跨國公司」。他勸告「戒是心的清淨」，吃素食是為健康、生態、保育，也較有耐力。

我還想憑著自己的感覺來談談大師。

大師的寬容一向是有口皆碑的。那麼，我是喜歡大師的嗎？是的，是的。因緣而獲得大師親自摸彩所贈與我的《往事百語》，愛讀他充滿著感動、生活寫實的《有情有義》，愛讀他單槍匹馬的環島佈教的果決及面對問題不怕退縮的《永不退票》，愛讀他

「難遭難遇」，憑著愈挫愈勇的精神的《心甘情願》，愛讀他一生為弘揚佛法所付出的忍耐的《皆大歡喜》，愛讀他對台灣這土地愛得深沉的《老二哲學》，也愛他的「疾病就是良藥」、「殘缺就是美」等智慧小語的《一半一半》。

我從《往事百語》裡接觸到作為一個大師一生的心血，一生的情感世界；而今我終於見到他的慈顏，才知道他為什麼要愛台灣，我的想法是，因為：

他的一生
不論挫折還是成功
不管幸福或不幸
只要他還存在
就一直努力追求希望
追求光明

他生存的力量來自信仰，從佛教的精義中，也不斷地努力播送溫暖、帶給社會光亮，又常以本身的磨難身教言教，終能成就佛光山的人與事方面一點一滴的收穫，使人領悟到人生：

有理想，才有實踐
要有向困難挑戰的勇氣
只要作個「永不退票」的人
能不顧一切困難，勇往以赴

然而，盡管他一生的波折不斷，他的天性是開朗的，迄今雖已年逾八十，卻仍像巨石一般屹立著，守護著山，因為他相信：

　　破銅爛鐵也能成鋼
　　有佛法，就有辦法

　　他用感性語調，寫出許多生活小語，每句話都充滿智慧；無論他規勸的是好人還是受刑犯，都充滿對每一生命的熱忱與希望。對宗教，他以自己的專長從各種不同的努力與思慮，來提升人的性靈 —— 他的確符合了辦好興學的理想與關懷社會的目標的逐步實現。

　　尋找宗教自由的願力，在民主國家是應有的權力。為佛光山的開拓，大師展現了他擁有的膽氣與智慧，歷經多次的危機處理與奔波；而這六冊的內容，正是抒發大師深藏內心的感受與回憶。

　　在佛的面前，大師似乎有的是力量。在《往事百語》裡，也曾略提到對過去黑暗現實的不滿，和對光明理想的奮鬥；就在這種精神支配下，他從十二歲受戒出家開始，在一個不平凡的經歷與成長，終能一心不亂，最後衍生出許多生活智慧與哲理。他一生的寫照，在許多的著作中所紀錄的，無疑也是對佛教傳播的一大助力，也常牽動著讀者的心弦。

　　大師的文學自然也受到佛學的薰陶，繼後，他又從台灣將佛教推廣到世界各地成立上千個分會，創出一個佛教教育推廣與交流的最大空間，從佛教的寶典中汲取著精華，陶冶出大師今日的風範。

　　我不得不佩服大師的才情之外的一種勇敢與豪氣。

戒是不要陷入無明，
要捨棄貪瞋癡念；
定是不讓心靈沉淪，
以達到萬緣放下；
慧是從清淨中滋生，
將意識轉成智慧。

自幼生長在基督家庭的我，對佛教的信仰更多了一份好奇的心；在修行三日後，因為大師高超和諧的人格，開發我原來閉塞的心靈泉源。在大師面前，我感到一種非凡的氣度，驅動著我深入地思索，而逐漸體會出佛教思想內涵和感動人心的力量，也逐漸喚醒了我沉睡的靈性所在，發現到參佛時的驚喜和歡愉的心。

這一切的改變，是因為佛教的淨化而得到精神的提昇，壓抑的心靈得到開展；因而轉化為一個拓新的理念。原來，覺悟是無明的驅散；遠離不安，心才能適意。要時常觀照我們的心，而學佛即是學智慧。但願有朝一日，能繼續追尋大師的腳步，為佛教的教義與宣傳多盡一分心力；勤作佛事，多存善念。

歸途下山時，沿路一搭一搭的金光閃爍，陽光好像一抹黃金，很驕傲地塗滿了佛光山的寺廟尖端。我只是欣喜地邁步向前－－向前 ── 佛光山的夜霧、細雨，不染雜塵的大雄寶殿、雲居樓的三日行居，大師的笑顏……都將放在我的心底，盼夢裡飛回！

── 刊《人間福報》副刊，2008.5.15

31.看山吟水

　　這植物園盡是許許多多昆蟲生長的棲息環境。眼見山林清靜的懷抱中，鳥兒愉悅地歌唱著；微風過處，驚見鳳蝶翩翩的遊戲輕舞，格外顯得清幽脫俗。

　　拾級而上，有的是千種百種的林木，中間點綴著小山徑，杏黃色的落葉飄落在嫩綠的青苔上、在闊大的綠林間。流水淙淙處，是蟲鳴的世界；喳喳唧唧地嘶鳴，一聲聲都是異動的旋律，一切是那麼自然而欣喜的節奏，逐漸形成了我多層次的感情意境。

　　但去迎接青山綠水，還不止空際雲遊的自在，眼所觸，益發綠的明淨；探幽徑，不時有輕風撩拂，萬株樹林，濃密相間，隨景生趣。這一帶的山水清秀又靜穆，不覺地牽引出我們內心深切的感動。

　　偶然抬頭，淡藍的天際抹上幾絲薄紗似的雲絮；山意清閒，我們腳印錯落在璀璨的朗笑裡；仰俯間，一切的擾嚷，悠悠的隨風飄逝。

　　從蒼鬱的新化林場回來，逐漸領悟到山水清音，正悄悄地淨化人的慧心。心境開朗，自然也就沒有一點雜念；原來，大自然

的本質也是一種包容，宛如永不乾涸的流水。在亮麗的秋陽下，那催我出去接觸好山好水的感應力，果然發現這一片靈秀，生命因山林之美的喜悅，也滿足了我性靈的沉醉！

── 刊《人間福報》副刊，2007.11.9

32.緬懷旗津

　　十九年前在海專教了幾年書，回想起來，印象最深刻的是搭「甲殼船」的經驗。當地居民和學生對它在習慣上早有同感，雖然設備簡陋，有時搖晃得令我頭暈，但可攜載機車、省卻物重的勞累。尤其在靠岸後，汗略溼背，空氣中夾帶著一股腥鹹的海味；但返身瞭望灰青的大海，偶見遠方幾艘大型船隻，心胸為之一闊，實為難忘之快事。

　　我常傻傻地立在甲板上許久，看著水波劃開了現實與船影，不知帶走了多少有趣的、悲傷的浪漫故事。船兒繞過蓊鬱的山嶺，邁向無垠的大海；仰頭看見陽光照耀下，盤旋於天際邊的幾點海鷗蹤跡，襯在蔚藍的天幕上，不禁興起古典的靜思，讚嘆海的力與美，自然使我感慨天地之悠悠了。直到學生向我催促，魚販挑起了貨物準備下船時，我那飛翔的思緒，才降回到人世間來。

　　到今天，那令我熱忱教學的動力，已是歷史陳蹟了。但此刻思潮起伏，交織在不停的回憶之中，方意識到，原來對那船隻、秋涼、海天一色的情愫，滋生了我對旗津海岸依戀情深。黑暗中，彷彿我見到了那遠方的燈塔，透露著微茫的光明，引領著我保持了更多充滿希望的精神，迎向未來的人生！

── 刊《人間福報》副刊，2007.10.10

33.爬山之樂

　　又是一個可愛的日出。觀音山上四處是鮮綠的視野！儘管山上風光缺乏明媚感，也帶點原始古樸的氣氛。但是在綿亙的山丘及黎明的曙光中，從山頂俯視下面的村莊，風景還是很美，所以我和拳友們，盡情地遊憩其間！

　　恬淡的朝陽，靜悄的大地；走在小徑上，空氣中散發著清新的氣息，這正是爬山最迷人之處。路上相遇的陌生人，對我親切地打著招呼，不像都市匆忙的路人，走過身旁視若無睹。

　　一路上嚷嚷著口渴的小女孩，拿到了登山客分享的涼水，填滿了胃，便不再吵著要 ── 單純天真的影像，在她小小年紀的生命中活躍，將小孩單純的樂趣表露無遺。

　　人的喜樂是有形的，能陪伴親人出外遊樂，除了獲得愛的溫馨外，親子之間一同喜樂，也算是度過人生中最純潔快樂的一天。相信有一天，小女孩會回憶起這次爬山的點滴，並映照自己成長過程的歡樂。

　　小孩的本性都是善良的，我特別注意到，在她直率的個性中，隱含著剛強和堅毅的性格。登上攀岩前，一般女孩總會懷著膽怯

又按耐不住好奇的心情，但是她卻鼓足了勇氣，毅然地爬了上去，當場獲得大家一致的讚賞。此外，那盪鞦韆的女孩，也勾起我內心的童年回憶。

　　迷上登山後，它為我打開了一條心靈享受的通路，不讓我繼續過著單調又閉塞的生活。且讓我們一起走出戶外，除去陰霾的心情，迎接映照在心湖上的溫暖陽光，讓生活充滿活潑快樂吧！

── 刊《人間福報》，2007.8.31

34.生命裡的春天

　　什麼是春天？春天是開朗、活躍的季節，也是滿樹嫩綠的氣象，像溢露著生命的喜悅和對青春的讚歎。所以，人都會時常禱告，祈求能擁有生命裡的春天，讓封閉的心靈之窗，再度地暖和起來。

　　父親杳然逝去，我開始沉思生死這個問題；我想了很多，也讓我有機會重整生命型態。最後，我深信，當外在形體死去，人的靈魂依然活著，它只是在等候時光機器的轉移，一般平凡的人多會再度重回人間。

　　經驗告訴我，面臨失去愛情的悲傷，或者面對親友因病而即將而來的痛苦或分開時，如果過度地壓抑情緒，就無法停止害怕與恐懼。此時，唯有誠實地面對事實，將執著的心放下，才能藉由接納自己、改善自己、進而肯定自己，活出自我。等到心已恢復平靜，你就會想要變得精力充沛、想要變成可以克服任何困難的人。

　　當我們向內心世界探索的過程，也就更加接近良知的本性。如要成大功、立大業，專注就是一種力量。只要定得下心，為興趣而全神投入的人，自然容易有所成就。我也承認，當工作覺得

厭煩時，那是因為已經無法真正地走進工作裡去，所以也享受不到任何的樂趣。學會放鬆心情、調整身心，也是一件重要的工作。

　　朋友，在人生的旅程中，一定要學會誠實面對自己、善待自己，開闢一個開朗的人生，才能重新擁抱生命裡的春天。

── 刊《人間福報》副刊，2007.8.31

35.憶亡友

　　靜坐窗前，思起一位好友。她是具有獨特風格的女人，生性純樸自然，於平易中透出謙卑的氣質。凡認識過她的人，對她都有一份親切之情；她的心地如星辰那麼柔和、安詳。她也常常生活在快樂之中，因她把藝術注入她的生活之中。

　　去年歲末時分，她正面臨肺癌的折騰。她睡得愈來愈糟，一整天都需要氧氣罩；我走進房間，臉上勉強帶著笑。她在毛氈下的身形卻變得如此瘦小，就像小孩子一樣。儘管如此，她始終都表現得十分堅強，就好像感覺對自己的病情已能坦然接受，完全心平氣和。上洗手間時，她的身子軟趴趴地靠著我，手臂已無法出力；這樣扶著她，讓我有一種莫名的哀傷。我幡然瞭解她的時間已不多了，我得替她做點事才行。過了兩個月，她就這樣走了。

　　告別式是在微風輕拂的早晨舉行。當司儀朗讀我為她寫下的祭文時，我低頭哭泣，突然也明白了一些事。沒有人能夠在生命中重頭來過，死亡就和生命一樣自然，它是我們的本然。大師常告訴我們：「學佛貴在明理」，要我們不要執著於萬物萬事，因為均無常。

　　印度聖雄甘地說：「我每晚入睡，就是死去。我每日醒來，就是重生」。如今的我，覺得時間變得很珍貴，一刻也不容錯失。最後我想為她的生前作一段祈福禱告，祈求佛祖一路引導，帶領她步向豐美永恆的安息！

── 刊《人間福報》，2007.7.8

36.山中冥想

　　在破曉薄霧的柴山上，天是藍的，雲不住地舒捲，變幻著，馳逐著；映著金橘色、鵝黃的霞光。我那孩子般的心，禁不住為這大自然的奧妙，高興得差點尖叫，並且更加使勁的爬著。

　　仰起頭來，我望見了霞光滿天，雲彩輕飄在水藍的天空裡，整座山看起來宛如是一座綠色的波海。拾級而發，在榕樹夾道的山徑上走約幾里來路；爬得愈高，樹林來得更密更大；到處都是枝幹蟠曲的榕樹，一枝枝的氣根幾乎都伸到土裡去了。

　　我們還看到一個大岩石底下的石洞，據說教練常在此修行練太極拳，清絕靜絕。

　　拳友們一路上說說笑笑，直到一灣大海，突然浮現在我的眼前；我喜歡得手舞足蹈了。

　　水上的雲海每片都似有金線圍繞，遠處朦朧，不辨海天境界，藍極綠極；更有幾艘漁船停泊在碧澄澄的海面上。前邊是無際涯的臺灣海峽，後面環繞了蔥籠的柴山。曲折行來，偶然回顧，這山水間之美，充滿了凝靜，多一份飄逸；也勾起千般的感想。

今天的快樂，是山林給我的安慰；也感謝上天引導我認識許多拳友，讓我明白「平安就是福」，在福中要惜福惜物。

今後不論我能做什麼，總是得學習全身心地做；對自己已經做過的事都應做前省察，後反省；在修身的功夫上，也一定要力行為是。所有這些感觸及自省，還得歸功於拳友對我的關心和鼓勵。

—— 刊《人間福報》，2007.4.1

37.惜緣惜福

　　窗外夜風襲來，我的思想也逐漸澄淨；此刻，陪伴我的只有柔和的燈光而已。適巧讀到李白有句名言：「光陰者，百代之過客也；而浮生若夢，為歡幾何？」文中，道出人生之無常、生命之短暫與天地之永恆的感慨。

　　詩人的縱情才氣與高雅的情懷，我自愧不如；然而，閱讀一篇好文采，卻讓我感動良久，也勾起了一些片斷的記憶。

　　大學時代，該是人生中最值得追憶的時光吧！尤其是當年住校的我們，八個女生同擠在一間簡單的小斗室，總會留下許多同甘共苦的生活軌跡。如若有緣，遇上一場純純的戀情，就算是沒有結局；有一天，偶會想起，也能笑談前塵舊事，坦然以對。

　　大三那年，時值仲夏季節，我初次到夫家，受到婆婆盛情地招待後；我與先生一時興起，散步到大屯山上的觀光果園遊玩。沿路且談且笑，快樂無窮。不料，我的新鞋出了狀況，果然後腳跟磨起了水泡。

　　「上來吧，我揹妳。」望著那一臉的誠摯，不得已，只好硬著頭皮認了。先生也鼓足餘勇，一口氣走了一個小時，氣喘噓唏

地回到家。

　　回憶起這一段往事，形成我年輕歲月中最甘甜的一頁；也讓我體會到，世上最偉大的藝術，是夫妻共同生活的藝術。俗諺：「今生有緣一照面，前世多少香大線。」無論是親友或愛人之間的相處，都要惜福惜緣。我也深自期許，要好好維繫親友間的情誼，並追求自我的理想，生活才有活力、生命也才能煥發出光芒！

──刊《人間福報》，2007.5.1

38.親恩無限

父親一生多半從事代書業務及公職，為六子一女無悔付出，而我們這些子女，長大之後也都各有發展及貢獻，總算沒有讓他失望。

儘管父親大半輩子受肺癆、氣喘等疾病和痛苦糾纏，但他對自己的病況始終保持清醒，從精神的觀點來看，他其實比一般人更加健康、開朗。

父親生我這個唯一的女兒時，年齡已過四十五歲。記憶中的父親，雙眼永遠閃耀著歲月所磨練出來的智慧光芒。他的生活哲學是：遇到困難，設法克服；他也教會我，隨時要能夠忍受災禍的襲擊。

但六年前，父親因心臟病發杳然逝去，當教堂的詩歌成了唯一的天籟時，聽著那離別的風琴聲，我落淚了，完全無法承受這永遠的別離。回到家中，關上門，我堅持一個人獨處。我開始思考：父親的靈魂到底去了哪裡？怎樣去的？內心深處，有無數痛苦的污濁和沉渣。

掙扎了一個月，直到接觸到佛法，光明和安慰忽然來臨，憂

鬱的生活，驀然間拓展為無邊無際的原野。聆聽老禪師開示後，我彷彿聽到了佛祖的召喚，不再執著不放，自知必須去完成自己的使命。

當我決定由基督的家庭轉為當佛教徒時，從此精神狀態改觀了，桎梏瓦解了。對我來說，那是一個美好的開始。

辭去師院教職後的我，如今已能為自己想做的寫作再度忙碌。原本貧乏的人生，如今又豐富了起來。我深悟，人生的苦難是無法避免的，長期的沮喪和消極，只會使人喪失活力。此刻，夜露浸人，但在我心中，因為有了佛祖，我感受到虔敬的祈禱、感激的喜悅。願以此文獻給我的父親 ── 一個最愛我的人。

── 刊《人間福報》，2007.2.22

39.心轉境則轉

天方破曉，我直奔教練場掃地，進行例行的義工工作。公園裡空氣微涼，聞到昨夜微雨撒落及地上樹葉的清香。

抬眼發現在一個僻靜的角落，出現兩位失意女孩暗自哭泣。我凝望女孩的神色，顯得憔悴哀頹，失神的眼光，正無力地望著遙遠的天空處，真有「無語問蒼天」的悲愴。

我趨前打招呼，握住了她們微顫的手：「過來喝口熱薑茶吧，心頭會好過些，不要哭了。」女孩們語氣儘管平靜，喉頭卻哽咽著，掩飾不住內心的幽怨。從斷斷續續的描述，原來兩人是因為戀人離去，因此整夜懊惱得闔不上雙眼。

經過一番勸導，女孩們總算心有會意。失意人乖覺地點點頭，也願意回到父母的身邊，我安慰地笑了，並細心的安撫她們疲憊的身心，為她們規畫新的藍圖，也期許她們能擁有最溫暖的愛，帶著她們走更長的路。

當夜，我暗忖，想必女孩們已回到家了吧！仔細想想：漫長的人生道路，總會有心碎的長痛，但也有令人回味不已的一瞬；果然，平安就是福。愛情變幻莫測，總令人不勝唏噓。所以紀伯

倫的詩才會寫下：「愛雖然可以為你加冕，但也能將你釘上十字架」。

　　心靜自然靜，真正的快樂是透過精神的提昇來開展。我告訴女孩們：可以學著走出戶外，眺望較大的空間，多關懷一些生命；或學學太極拳，可求安心、定性、聚氣、斂神，昇華人品道德；或接觸大自然，看到山林、海邊，便會感到歡喜、祥和之氣；或讀些勵志書籍，啟迪人的靈性，也能充實心靈的感受。

　　老子說：「飄雨不終朝，驟雨不終日。」又說：「知足知足，常足矣。」也就是說，人生的災難總會熬過去的，我們要滿足目前擁有的一切，才能從造福、惜福之中，得到最大的富足。

　　過分追求欲望的滿足，結果往往是適得其反。懂得修心，才能充滿法喜；靜心明性，則一切解脫自在。

　　　　　　　　　　　　　　── 刊《人間福報》，2007.3.29

40.紅龜粿

我愛吃紅龜粿，品嚐它的滋味，不是在它的香甜 Q 軟，而是由於吃的時候，不由得想起童年；每當除夕前一天，我都會守著母親，看她瞇起眼睛，坐在小竹椅上，剪著竹葉片，全心享受做鹹菜脯粿、紅龜粿的快樂神情。

四十年前，那裡有現在這樣「滿布」紅豆的餡料呢？那時，一個粿裡面，只有一些紅豆，那就是不得了的年節美食啦！有一回，我實在忍不住流口水，就趁機溜進廚房，伸手抓個剛做好的紅龜粿，三兩口就塞到嘴裡了。如今回味起來，真覺其味無窮。

今晨習拳後，七十四歲的老先生，與太太連夜手工製作的紅龜粿，我特訂來分享給拳友們吃。大樹下，我迫不及待地打開，吃起來別有風味；我完全知覺到每一口帶給我的特異感動，在我生命的纖維上留下了微妙的清香，也觸動著我去作種種的聯想。回憶裡的親情，永遠是那麼溫馨呢！

紅龜粿，無論是古早的還是現代的，幾十年來，每次嚐起來，都有著濃郁的鄉情；更多的是表現對傳統美食的偏好和我們東方這個偉大民族的飲食情調。

—— 刊《人間福報》副刊，2007.5.24

41.難忘婆媳情

　　昨天，我跟一位友人談天。年輕時，婚變曾帶給她痛苦、失意；幸虧她有對好子女，人生的態度也十分樂觀。退休後，更興起了建設心，一心一意想為生活得充實而努力。

　　我問她，是怎麼從消極中掙扎過來的？她的答覆是，人生的苦難無法避免，只好學會用積極的生活態度來面對。她那簡短的故事，讓我領悟到，自己和婆婆的關係，真是前世修來的福報。

　　剛結婚時，我這隻漂泊的倦鳥，終於懂得「歸巢」的意義了。研一那年暑假，我和婆家共遊小人國，婆婆與我邊吃冰淇淋邊說笑，讓人以為是一對母女。剛懷孕時，利用假日時間，我們一起上市場買菜、挑選孕婦裝，或找地方歇腳、吃碗綿綿的紅豆牛奶刨冰，婆媳關係十分親密。

　　我從沒見過像婆婆那般好手藝的女人。只見她一針一針地織著，就能神奇的織出嬰兒的毛襪、手套、毛線衣。煮飯時，我會抽空繞在她的身邊，看她哼著不知名的歌，全心愉悅的炒著菜。通常，忍不住流口水之餘，我就會伸手偷拈香噴噴的菜塞到嘴裏。嚐了一會，不自覺地，就先盛上一碗飯，坐在一旁的凳子上，大口地扒著吃起來了；此時，婆婆總會笑瞇了眼說：「別猴急，桌

上吃去。」

　　回憶起來，這已是七年前的事。婆婆因病住進醫院，卻在半夜裡意外跌倒病故。每年的中元普渡，我都為婆婆燃幾根線香，心裡默禱著：

　　願她在淨土的彼岸，也能安寧快樂。在過去的年代，婆媳之間和諧共處是一件稀有的事，但我何其慶幸，婆婆天性慈悲，與她相處的那段時光，回憶起來始終是那麼的甜蜜。

── 刊《人間福報》，2007.4.5

42.人生的考驗

　　阿卿本來有個美滿的家庭，先生體貼、女兒乖巧懂事；她本人更是年輕貌美，同時是國際標準舞的佼佼者。然而，一場車禍奪去了她的一隻手臂。手術醒來時，她的世界一下子崩潰，她變得茫然而傷悲；家中緊張氣氛日益嚴重。

　　在一次意外的參佛之行，她豁然開竅，了解人生的苦難是一種過程，人生目標也逐漸變得明朗清晰。到了三十多歲，她體會到成長的真正滋味。除了找到自我、肯定自我之外，最大的收穫是，她學會參與更多能回饋社會的事。如今五十多歲的她，蛻變成思想獨立，懂得生活樂趣的人。

　　白天，她義務在社團教舞，也樂於將整個生命轉折過程的感覺、想法，毫無保留的分享給其他身心障礙者。前陣子我手受傷骨折，她告訴我：「不要為骨折而失望」，並熱心地為我祈福，讓我也能分享她的熱忱，臉上開始洋溢著充實與幸福的光輝。

　　原來，人生中，「愛」才是最實在的，最值得尋覓的。因為有愛，朋友終能極力振作而重新站起，讓日子變得更踏實；更因為有愛，朋友也幫助我的生命不斷運轉、成長、前進。

　　　　　　　　　　── 刊《人間福報》，2007.11.13

43.爸爸的勇氣

今晨習拳後，偶然起意到友人家閒坐聊天。一進門，從房間裡跑出來一個六歲的男孩，好奇的望著我；接著，又跑出另一個四歲的女孩，拿起心愛的小熊布偶給我瞧。他們生命的活力，在烏黑的眼瞳裡閃耀，若不明說，真沒人知道這兩個孩子，其實罹患了肌肉萎縮症。

朋友的太太，長得很清秀。友人的樂觀，則使我羨慕和感動，他中年娶妻，老來得子女；但人生中的不幸，卻全被他遭遇到了。表面上，他雖然用笑語代替眼淚過生活；而我，則是親眼看到才明白，一個做父親的，因心疼子女而下的一番苦心。

這幕一家和樂的影像，深深打動我的心，坐在樟木的沙發椅上，我們愉快地說個暢快；話題很自然地又轉到人生的苦樂去了。我安慰他說：「如果心存感恩，那麼就算不幸來臨時，也會有足夠的力量去承受。」

回家途中，我為這兩個肌萎症的幼童祈禱，希望他們會有超越凡俗的勇氣，從佛祖那裡得到一點的祝福。世界上只有愛是人不可缺少的，現在的我，很樂意簡樸而誠實的與別人相處。所以，朋友雖然無奈於世間一切的殘酷，卻能用更熱烈真摯的愛心去善

待家人，我忽然替他們夫妻感到驕傲。

　　我也刻意要讓自己去感覺、去體會，往後在漫漫人生中，更要學著抽身出來，展望較大的空間，多關懷一些生命，多品啜生命中的美好部分。

── 刊《人間福報》，2007.10.30

44.另類思考

　　美國環境作家魏斯曼教授的新書《沒有我們的世界》，文中提出，如果有一天人類滅亡後，最有可能的是狒狒會主宰地球。他以幽默兼諷刺的口吻寫道，塑膠袋將成為人類最永恆的遺跡；或許二萬五千年後，有隻狒狒拾起了一只塑膠袋，智力會突然受到刺激而發展到更高層次。

　　生態文學，更深的意義是期待地球人注重生態保育，給人相當獨特而深刻的省思；我以關注的心情，體悟到作者遠大的思維，環保的崇高意識因而滋生。

　　如果你從睡夢醒來，開始忙碌了一整天，終於能靜下來，啜口茶，讓思緒暫時沉澱一下，海闊天空任憑心靈的自由飛翔，這的確是一件愉快的事。此刻，我心想，我們的地球遠從四十六億年前，就一直日夜不停地自轉，又慢慢的繞著太陽公轉，滋養萬物，循環不息；也已累積數千萬個黎明，人類總生存在其中奮鬥才有今日。

　　是因緣的輪迴，讓我們又來到世間。佛經上常說，人瀕死的那一刻，其實什麼都帶不走，只有能回饋別人、把幸福傳播給別人，才算是發揮了生命價值的極致。所以，人生雖短暫，要如何

在黑暗中，找到光明的出處，就是生命最大的學問。

　　記得人類學家曾說：「人是群體動物。」雖然人在浩瀚的宇宙裡，是如此的微渺、無力，但只要不願與黑暗為伍，就無需畏懼退縮，反而更該熱忱的投入社會；而其中，學習就是人成長與蛻變的原動力。綺麗的夢能否成真，端視一個人的努力夠不夠，此外，每個人也都必須以美化自己的人生的點點滴滴為起點，並在生態保育方面不斷努力，則地球的生存乃有可期。

── 刊《人間福報》副刊，2007.10.18

45.平安就是福

　　從最早的記憶裡，我曾有一次很不平凡的歷險。據母親後來的陳述，那時我不滿五歲，父親一度因肺癆病危，我們不但家徒四壁，還得四處舉債賒米。那真是一段悲慘的日子，從懂事起，我只能偷偷地祈禱，不要讓我失去父親。

　　四歲那年，有一天我為了閃避迎娶的鞭炮聲，而鑽入牛車底下藏匿，一個不留神，我小小的身軀正探出頭往外爬出，就被禮車的輪胎輾住，當場昏了過去。母親接獲消息，滿臉心焦的把我送到鄰近的斗六醫院，拒收後，又再轉往彰化縣立醫院就醫；在治療的過程中歷經驚險及磨難，而後復健工作的痛苦，都由母親默默地承擔。這兩年，有時想到成長過程中多少拂逆過她的瑣事，不禁深自後悔。

　　回顧我的童年，一直都是多災多難，母親經常為我擔憂不已；幸喜的是，算命先生斷為「九命怪貓」的我，在經歷一次次的車禍，終於掙脫厄運。我也漸漸承認了磨難是人生必經的過程，原來平安也是一種奢侈，這其實是人的一生都在祈求的呢。

── 刊《人間福報》，2009.11.15

46.學佛之路

　　姑媽是星雲法師的虔誠弟子，名林英，法號明理；跟我這唯一的親姪女是同名同姓。她平日唸經，勤學佛事，在家修行。十八歲那年的我，寄宿在嘉義姑媽家，相依為命。

　　雖然我出身虔誠信基督的家庭，但與姑媽結緣後，深受其思想薰陶，漸漸地也萌起對參佛的興趣。每逢假日夜晚，我主動與姑媽手挽著手，一起到佛堂聽經誦課。之後，因繼續升學，匆匆地別了老姑媽，一路攻讀到研究所，就投入教研工作，庸庸碌碌地過日子，也就忘了參佛的事。

　　父親過世之際，哀傷又不安的神思，時時交替在我心裡。友人安撫我說：「要不要去聽佛經？」我心動了一下，就說：「是真的嗎？好，妳帶我去。」本來，學佛的心只在於調適心情，可是，當我一打開佛書，竟有久別重逢的感覺，眼淚就撲簌簌地掉下來了。

　　八旬的老禪師曾開示：「執著是苦的開始，要萬緣放下，一心不亂……」他這些話就是有智慧的話，而我在不知不覺間，心也漸漸地平定了。之後，又因返回教學崗位，忙得無暇兼顧上佛堂的課。直到身體每下愈況，遂而離職。剛開始，幾乎天天打針吃

藥，像是關在自己的象牙塔裡生活著。每日望著狹窄的天，飄忽的雲，生活得有些憂鬱。

自恢復了寫作，又接觸到佛法，一瞬間，我笑了；原來是時候到了。我願意實踐對姑媽的諾言，三十年前播下「佛教」的種子，如今才開始萌芽。我覺得現在生活得很自在，內心充滿法喜。佛家講「願力，念力！」只要能為人群服務，我的心著實有說不出的高興。我想，因學佛而重獲心靈自由的我，就是這種心情吧！

—— 2012.12.20
—— 刊《人間福報》副刊，2013.1.1

47.愛情的巡禮

　　世界上很少人知道，人最大的快樂來自給予，而不是來自獲取。愛情是什麼？這是一個陳舊又永遠新鮮的話題。由於愛情是不朽的，是不凋的神話，在詩人的憧憬裡，也就隨之具有了永恆性。它是詩人的玫瑰，存在幻夢與真實之間的聖殿。它也是最敏感的藝術，是隨著心跳的脈搏而起伏，雀躍又糾葛、貼進心靈又默然憔悴的一種捉摸不定的感覺。是因為它對四季流轉有如清水般的激盈？或常忽而幌了幾幌，波湧而去。它恰似風船的浪花，夜的帷幕裡的光點，總帶來意想不到的驚奇。

　　詩總是情的產物，詩人尤以愛情為揭示某些人生的哲理和生命的真諦的最高表現，往往隨心有所動而寫，去挖掘某些閃光的心靈火花；或為悲慘的靈魂歌唱，或描繪出對愛情深沉的緬懷，為我們打開了一個繽紛的藝術世界。我很用心的想，每個人都想獲得快樂，也想得到真愛。對我來說，愛，本身就像陽光。愛，也是一種成長的力量；愛人比被愛重要許多。物質的東西，永遠無法取代愛情，或是溫柔、或是親切，或是友情的空缺。

　　愛情期待我們回應的，是它帶來的純真，而不是虛偽的頌揚。看，它像隻月牙上的野兔，忽而跳到我們熟悉的小徑來；靜的出奇的是夜的眼睛。

如果愛，伴隨所有的拂逆與困厄，那麼神正考驗我們的勇毅與無知。

愛是曾認真的沉浸在成長的喜悅時，也不忘具備感恩的心。

愛是你追回的驚鴻一瞥，絕倒我幾多思念。

愛是一種堅持，沒有退路，只有勇往直前。

愛是橫越大海，哪怕尋找光榮的希望於片刻。

愛是比一方小石還要潔淨，連枝上的鳥兒，也跟著唱出我們心中的歌。

愛是把一切離愁都斟滿，直到靜謐如井。

愛是在想起伊的時候，投下更其烏黑的影，在遍地的濃漉中閃明。

愛是飛涉了千年，直到岩壁上都留下風的見證。

愛是劃破時空而熱烈輝耀的藍星，一掠而過，交結著我的飄零。

愛是不論晴雪，甚或夏雨，永不遲歸。

愛是一種思念，似微弱的風，飄向每一靜寂的黃昏…

愛是我的思想、我的蔚藍，我的海洋！

　　往事是光陰的綠苔。愛情，這東西，哪怕多少年後每一憶想，總在我耳邊放歌昇騰…。泰戈爾說：「欲行善者，必先輕扣其門；散播愛者，門將為彼而開。」我覺得，愛情源自直覺，是宇宙當中，最迷離，也最博大、高潔；最令人心碎又能以其滋養而茁壯的夢土。僅管愛情是生命中最美好的部份，但愛情是盲目的，也有悲傷與殘酷的一面。常見的是，身陷愛情沼泥的人，時而狂喜，時而愁眉；等到現實的殘酷面目呈現眼前，才會有跌落雲端的失落感。於是，愛情的神話瞬間融化，坐立難安的痛苦滋味，想必傷心者都心有餘悸。每個人都有自己成長的心路歷程，萬一不幸愛情變成孽緣，最後，只剩下理性的心智可以拯救自己。遇到任何苦，再多的難，如果能試著用心地去承擔活著的責任，多想想，「退一步」，就是海闊天空，因為，經驗是良師。慈是與樂，悲是拔苦。道，就在心中。

　　愛情不是憐憫、施捨，也沒有貴賤之分。在心靈的展望中，愛，永無距離。愛情也如履生命深淵。任何一個備受矚目的公眾人物，其實感情生活與凡人無異，一旦沉溺於一時的幸福巔峰，或涉及感情風暴；從幸福轉為不幸而翻落苦難深淵，結果只需一瞬之間。不可不慎！一個人一生能擁有一次真愛的回憶，是最幸福的。如能讓愛植入心中，就能看見自己的善良光輝。愛情的道路，就像是山路一樣；不管是平坦的、崎嶇的，累了，就休息，要懂得調解。只要有能力邁步，我們就該奮勇不懈，人生也會變

得豐富又多彩的一面。最後，僅以一首詩，向愛情致意。

〈木框上的盆花〉

你坐在石牆裡
用幾分之一秒的快門
捕捉日輪的俯臉
這或許是
你生命中僅有的一瞥。

山城之夜已緊緊收攏
裹住金絲雀顧憐倦藏的彩羽。
你在落雪裡
輕搖，無羈的空間
好似我未曾在你身旁 ——
是光融化了冰冷的書頁。

—— 寫於 2010.6.6
—— 刊《笠詩刊》，第 278 期，2010.08

48.在時光的倒影中

如果有人問我：「最想做個什麼樣的人？」我會毫不猶豫地回答：「想做個詩人。」

在時光的倒影中，這些年來，新詩一直陪伴著我，不管時序如何推進，我將讀詩、寫詩、繪畫與評論結合，以文學書寫人生。

如果我是一顆星，這星的用處便是放射於淡淡的雲層，哪怕只照徹一角落的幽暗。如果我是一朵雲，便要在隱隱的朝霞背後，露出蘋果也似的笑容。諸如這樣的夢想時時貼進我寫作時的心情，讓我的心去造一個更寬廣的世界。而這世界裡是不用明說的，有時，它安靜如水；有時，卻傷感如夜裡的白樺。

這簡靜的三坪書房，每當輕敲著鍵盤時，總叫我想化為一葉舟，一股腦兒划入我兒時久遊的夢；或者想當個真正的行者，永遠走向黎明的。總以為忘不了的，是那綿密的鄉愁；總以為我有意氣，也有豪情，登上雲間的白頂即為山峰。

然而，詩人的宿命到底是什麼？我納悶，也探索過。原來詩人生命的魅力，在於它創作過程的一份激情，一份感動。詩人也是一個平凡的人，人人都可以寫詩。只要下定決心，寫詩往往也

可以激勵一些苦悶、徬徨中的讀友。

　　對我來說，寫詩也是一種自我修行。從前的我遲疑過、躑躅過，現在有幸有詩分嘗，一如岩石和貝殼。我曾想像：在遠方，可聽見海角之音 —— 那可是天水相連著經聲的雪影？我也可以任由自己影子在風中追逐，讓春在枝頭，雨輕盈地沾滿我衣袖⋯⋯。

　　往事是光陰的綠苔，散雲是浮世的飄蓬。在我出生的雲林縣莿桐鄉莿桐村裡，幾棟陳舊的瓦屋上，映出我過去的歲月，映出我年少的無邪⋯⋯記憶中的父親，他的雙眼總是閃耀著歲月所磨出的智慧光芒。他雖因肺癆而困頓，但生活的哲學是：越是困難，越是要設法克服。對我啟迪很大。

　　記得在「高雄海專」執教時，第一次對寫作發生興味，是系聯代表要我提供航海系刊的稿件。我義不容辭，憑藉一股熱情在心頭滾流，連夜寫下「窗外依然有藍天」一文。從那時起直到往後幾年，又轉入其他學院教書，我經常配合寫些時事，來激發學生關心社會的興趣。

　　我也曾在臺灣南部的報社從事於專欄寫稿，因工作過度，緊接而來的，是身體跟著每況愈下，只好提前離職，在家休養。直到接觸到文學並由臺灣『中國文藝協會』理事長綠蒂先生推薦擔任『中國文藝協會理事』及『中華民國新詩學會理事』職務開始，我何其慶幸，因兩岸舉辦的文化藝術交流活動而結識了多位長者，他們可以輔助我進德修業，也可以給我砥礪士氣。我開始嘗

試著，把文友相處的點滴、我的所見所思，都收藏在篇篇活生生的文字裏；我期望，自己的文學能直率地表達出一分純真之情，也能堅持靈魂的瑩淨而不墮落。

在我的詩友中，已故的鍾鼎文先生一生對寫詩及成立世界詩人大會有著巨大而熱切的渴求；其作品流露出的貴族情調和神奇幻覺的特性，使我們窺見一個永遠年輕的精神。鄭愁予詩人早期作品則格調清俊如風中銀樹，逸秀如雨後彩虹；總是志趣高雅，視像美強烈。還有許多中國學者如謝冕、吳思敬、吳錦、吳開晉、薛家寶、古遠清、吳鈞、傅天虹等教授，友人書法家沈鵬先生、散文家周明、書畫家魯光等，尤以星雲大師演講時的幽默，給我啟迪甚多。

寫作開啟了我嘗試放下一切塵俗的意念，轉而追求心中的那份寧靜，期能被莊嚴所淨化。我也深悟到參佛之路，既要堅執信念，不斷探索潛修；也要有寬容的心去理解生命中的種種體驗。

過去曾在臺灣的學院任教於「憲法」等科目及在高雄「中山大學」資訊管理系擔任專任助理研究員的我，如今轉而為文學創作後，我發現，臺灣詩歌已逐漸形成一片新繁榮，無可否認，真、善、美從來都是詩人追求藝術的最高價值。原來一首詩美，不會因歲月而改變；詩美意識是形而上的藝術直覺，而真正的詩人應是將其畢生的心血都投注在藝術開拓上的。

一般來說，從事文藝寫作者，多信賴直覺，就是直觀與思維在瞬間的統一。尤其是詩人在構思中飽含感情的藝術世界裡，美感總是會伴隨著詩性體驗而來。當然，詩人也必須貼近自然、精

微地體察自然：因為，這將促使自己的審美體驗大大地加強，並具有更大的藝術力量。

今年，恰有兩件值得欣慰的事，一是十月下旬獲得美國『世界文化藝術學院』頒發於馬來西亞的「榮譽文學博士」學位；另一件事，是於五月四日榮獲臺灣第五十四屆「中國文藝獎章—新詩類」於臺北市，對我自是一大鼓舞。說起來，改變我文學人生的起點，是在七年前第一次上佛光山參加翰林學人聯誼會。當我第一次清晨跟著誦課吃齋飯時，眼淚竟不經意地流下來……但這對我彷彿有一股甦醒的力量，催促著我，更要精進向前。

人生最重要是什麼？很多人在追尋這答案。我覺得，能選擇自己的路、無悔地走，是一種堅持，也能活得坦然。「修行」也是重要的，它可以從認識自己開始，從書寫人生到認識自己心靈深處靈魂的提昇。我冀望在未來幾年能寫出文學風格和關心民情的作品來，讓自己的生命更加圓融充實！

— 刊《臺灣時報》台灣文學版，2013.11.24

49.遷移記

　　七月下旬的一個下午，我是帶著忐忑不安走進中華電信辦公室的。二樓是工務課，職員大多外出吧，這棟大樓裡顯得很安靜，只有我發出輕微的腳步聲。我努力鎮定了一下自己的情緒，直走到承辦的林總工程師面前。他趕緊起身，寒暄了幾句，就邀請入阮科長辦公室。

　　門徐徐敞開，露出裡面寬敞的空間。與我近在咫尺的阮科長都表現出應有的修養。在那裡，我很清楚地表達了我的訴求，幾經溝通，不安也消失得乾淨。我慶幸有這次的會晤。

　　回顧幾週前，我終於接通到林工程師的電話，他要我再耐心點兒，等他規劃好配圖及施工費再聯繫。我放下電話，一邊想著這幾個月來的等待，總算沒有白費。我知道申請遷移電信箱不是件簡單事，因為現在這個社會，弄不好還會傷了彼此的和氣。數日前，我腦子裡反覆搜尋著，NCC〈國家通訊傳播委員會〉的洪科長到底幫聯繫了沒？想了好一會兒，還是決定給他撥上電話。他倒是很熱心，立即幫我聯絡，心裡寬慰了許多。

　　我心裡響著一個聲音：我很感激這次申請電信箱遷移的深刻體會，感激 NCC 的協助與溝通，雖幾經波折，但終究雨過天晴

般明朗起來了。我感激這社會仍存有溫暖與正義。感激台灣給予我安全又可自由言論的那種溫馨、隨意。

仰頭一望，窗外夜色迷濛，不甚明亮。我喜歡台東的月亮，心想在這兒多清淨啊。在我申請電信箱遷移的過程中，傾聽最困難。它從開始到圓滿結束長達九個月的煎熬與等待對我來說也似乎難以想像。因此，我總是竭盡全力，把陳情信一再反應給上層；雖然一波數折，但很幸運，在多方溝通與協調後，我也願意配合其規定，總算在九月底前就要完成遷移了。

根據這次經驗，我發現，冥冥之中，人與人之間的際遇好像作了適當的安排。為了敘述得完善一點，我還要告訴諸位，下次遇到「下情上達」的困難時，就當作是重新培養自己耐性的開始。如果遇上好運氣或貴人，或許某一天，就可以很快解決麻煩了。

—— 2014.8.14
—— 刊《臺灣時報》台灣文學版，2014.8.15.

50.秋的聯想

　　晚秋的清晨，天氣分外的涼爽；習拳時我覺得幽閒極了，看到樹枝上的枯葉像黃金葉片兒似的翩翩飄下來，別有一番清趣。

　　回憶起兩年前剛退職時，常覺得措手不及，又悵然若失；雖然衣食無慮，又有電視報章可以排遣，但精神上的空虛加上健康每況愈下，直到開始習拳、寫作成了我的動力來源，而寫作也把我帶進一個想像的無形空間。

　　坦白說，想有真正的體悟，光憑想像而不能身臨其境是做不到的；因此，戶外的旅遊對我來說，的確是滿足好奇心、擴展胸襟及視野的唯一良方。然而，一直使我感到遺憾的是，長期以來我旅遊的次數屈指可數，所以十分羨慕友人「讀萬卷書，行萬里路」的氣度。

　　對生長在平原鄉村的我，其實我特別喜歡看山觀海；不只因郊外踏青中的浪漫氣息濃厚，而且也因山明水秀、鳥語花香，極富詩情畫意之美。我爬過的山不多，高度不大；但爬山本身就有豐富的趣味性，登高的目的不在望遠，而在觀察生態與視覺享受後的鮮活生動感。

　　你可以想像嗎？在柔和的陽光照耀下，青山襯在蔚藍的天幕上，其感受很難令人忘懷。而海邊景色的畫意，海風過處，松濤澎湃，結合了海潮、浪花與碼頭船隻、海鷗低飛盤旋或星海的光彩；當華燈升起，沿岸漫步其中，若不是時為車輛所擾，真不能相信自己身處於現實的世界裡。

　　我常想：這山水可能是天神賜給人類最好的禮物，用來療治文明的創傷吧！透過山水的景色，可以清楚地看清自己，使人突然自時空的迷失中醒來；山水也可以在心靈、在耳際，而使人百感交集、大徹大悟。但我所不能了解的是，人類為了追求短暫的幸福，往往就無心去尋找那掌握不住的永恆了。

— 2007.10.11

— 刊《太極拳研究專集》，第 238 期，
　2008.4.30，台北

51.觀心自照

　　自從受到拳書的薰陶後，也開始汲取精義，諸如：太極拳側重「虛靈頂勁，氣沉丹田；心靜則心神安寧，疾邪自去，與道合真。」張三豐祖師爺也說：「舉動順時，容色和悅。」這些啟示錄，無疑都對我有良好的影響。

　　一個人心靈轉念時，就會開始引爆一串思想的火花。拳書開啟了我必須阻斷一切塵俗的思想，轉而追求寧靜的心靈，期能被莊嚴所淨化。事實上，這不是抽象的哲理，而是具體的生活。我深悟到，習拳與生活一樣，既要堅執信念，不斷探索潛修；也要有寬容的心去理解生命中的種種體驗。所謂「德貴自覺」，「過也，人皆見之；更也，人皆仰之。」如今，拳書是我理想的伴侶，如同大自然是一部最偉大的書。

　　人生在世，無可挽回的是時間之矢。你相信「輪迴」嗎？經書中也教導我，有因有緣世間滅。人應設法沒有執著的見解，沒有迷失的內心，隨時要擦亮自己的心靈。因為，輪迴的動力是「業感」，輪迴的結束是「解脫」。唯有時常自省，注重修己，才能將人的智靈洗淨。今後，我想要看得更多，做得更多，也期待好友們能彼此照顧扶持！　　　　　　　── 2007.1.29

　　　　　　　　　　　　　　　── 刊《人間福報》，2007.6.24

52.生命故事的寫手

　　一天傍晚，玲坐在沙發旁，含著淚在低訴。她頓了一頓，對自己的命運，感到無比悲傷；那種孤獨、失落的神態，身形憔悴，使我大吃一驚。我只能默默地陪著她，在旁勸慰著。我聽著她的話，也表示我的真誠希望。

　　隨著時光的推移，約半年後，她用微笑迎著我。擁有仁慈、寬厚的心的她，已全心全意地投入義工行列。乍看之下，她的眼睛閃閃發亮，對她都是無上喜悅；她又活躍起來了，我至為驚奇。原來，她終於覺悟到，愛情已離她遠去，但是她的志氣可是一點兒也不低，我為她的堅強而自豪。

　　這件事情，對我寓意深刻：懂得寬恕的人，心頭將澄澈如水，才能感到快樂。牛頓也說：「愉快的生活，是由愉快的思想造成的」。所以，人世間本有紛紛擾擾的爭奪，或許一覺醒來，俯仰之間已了然於胸。所有的世事都會冰消瓦解，只有時間在延續……

　　無論是誰，較感振奮的是遠瞻未來，而非計較過去。張載也說：「富貴福澤，將厚吾之生也；貧賤憂戚，庸玉女於成也。」意思是說，富貴幸福，是天地愛我，要我容易作好事；貧賤憂愁，是天地要磨練我，要我有成就。

　　她的故事也給了我一個很好的啟示：智言不如智行。願自己有一顆寬廣的心，生活充實，無聊的心情也就自然舒解了。

　　　　　　　　　　　　—— 刊《人間福報》，2007.7.31

53.觀音山之旅有感

　　記得剛習拳不久後的某個假日清晨，天氣很和暖。在微風輕拂下，拳友一行十四人，正奮勇攀上高雄縣觀音山。耳邊不時有山鳥啁啾嬌婉的啼聲，非常快樂又自由的叫著歌著。我們繼續扶壁攀岩而上，作為自我挑戰的目標；空氣中也生出一種從林間出來的有活氣的氣息。

　　朝陽是難得見的，在初春的三月。頃刻，天色發亮了；偶從一片竹林中，疏疏密密的瀉下來春陽的明影。旭日的金光，讓山中的竹影，也漸次的疏朗起來。我們探幽徑，曲折蜿蜒，隨階攀岩而上，其勢極險；彎腰曲背，十分吃力。

　　到了山頂，遙視一下天際線；碧青的天空，飄浮著幾朵棉絮似的白雲。立在山上，那大高雄風景正像畫片似的展覽在眼前，有無限幽深的美。煩囂的市集聲不見了，只有枝頭小鳥的歌唱聲；這種聲音多麼自然，多麼感人。觀音山，又呈現另一種迷人的情態。

　　這一切新鮮的景緻，帶給我們益發高興起來，也是一種全新的刺激和活趣。我們的舉止活潑了，說話也變響亮了。就這樣，

我們意像天上掉下來的老神仙似的，怡然自得，悠遊其中；不自覺地都遺忘了攀岩的艱苦。下山途中，再見到池塘裡，幾株白色的荷花，盛開地浮泛在水面；草叢裏的野牽牛花，繽紛點綴；晨光照著，充滿了韻致。像這樣，有榕樹竹林圍繞的山林，飽吸著清新的空氣，又有風趣的拳友一路相隨，這真是一幅多麼美滿的登山之圖啊！

　　那次爬山，由登山高手阿桂姐領隊，山路崎嶇陡峭本是意料中事。然而，這群阿嬤級的拳友，明知是冒險之途，卻還是願意接近它、挑戰它，來測試自己的果敢與懦弱！我很榮幸地目睹了她們的毅力，也帶給我勇於挑戰的學習精神。最後，我們在觀音山下的市集中大量地採購新鮮的蔬果，才滿足地趕回家中。每當我回憶起這段經歷，依舊感動滿懷。

　　　　　　　　　　── 2010.9.16
　　　　　　　　　　── 刊高雄市《太極拳雜誌》，
　　　　　　　　　　　　第 193 期，2011.2

54.古道之旅感言

　　雨後的清晨，葉縫間偶爾飄下幾滴水珠，隱約地可感到微涼的秋意；不禁回憶起前些日子與拳友相邀開了六部車，直奔到桃源鄉扇平古道的情景。

　　抵達山上後，天是一望無涯的湛藍，棉絮似的朵朵白雲遊戲山巔；眼前只見一大片原始的雲杉、高聳的林木，閒雜著山徑旁不知名的粉紫花，紅的、白的……隨風搖曳。耳際不時有山鳥唧啾嬌婉的啼聲，非常快樂、自由的歌著；

　　加以夏蟬蟲鳴，合成一首和諧的交響曲。

　　空氣中生出一種從林間出來的活氣的氣息，偶見巨竹林濃淡分明地矗立著，節枝蔥綠得可愛；旭日的金光，讓山中的竹影，也漸次的疏朗起來，頗有清幽絕谷的情調。

　　健行下山，忽見情人橋畔，瀑布濺下的水花晶瑩而沁涼；我們沉浸在喜悅、興奮的情緒裡，在那兒休憩、戲水。像神仙故事般，大家半虛幻地步移在晨光中打拳，盡收山靈水秀之美，無限清雅；山水也靜靜地撫慰拳友們的心。

　　這一切新鮮的景致，帶給我們益發高興起來，我們的舉止活潑了，意像天上飛下來的老神仙似的，怡然自得，悠遊其中。

　　回程順道往旗山台糖的飲冰室，到處都擁擠了遊客，看了冰字大旗，招牌的「酵素紅豆冰淇淋」，消融了不少炎夏的熱威。再沿著山徑，趨車到一家卡啦 OK 店去歡唱一下，直到夕陽西下才踏上回家之途。

　　憶及那天爬山，山路崎嶇難行之處，這群阿公、阿嬤級的拳友，卻還是很勇敢地走完全程；我很榮幸地目睹了他們的毅力，也帶給我勇於挑戰的學習精神。

　　習拳七個月來，生命變得豐美了，也重新得到心靈的寧靜。靜是一種境界，拳書也講究只有以靜制動，才能走向更高的武學境界。我總愛沉思默想，不期然而然的產生種種感觸。

　　老子云：「物物而不役於物」，意指：過份的追求慾望的滿足，結果往往是適得其反。在老子的思想中，所謂「道之尊，德之貴，夫莫之命而常自然。」誠然斯言！道與德倘不能以自然為依歸，就必失其尊貴與價值了。

　　先後參與兩梯次受訓，在多位優秀教練的指導與學員的鼓勵下，使我較能以積極的態度去學習太極拳。拳書上說，「練拳貴乎自然、力求心靜、身靈、氣斂、勁整、神聚。」習拳迄今，終於讓我體會到身心健康的意義和價值；也深悟到，生生滅滅原是人存在的本質。此刻，世俗的紛紛紜紜如過眼雲煙；我相信，只要有恆心習拳，總有一天，我們會為累積的成績覺得欣慰，忘了走過來的辛苦。進步就是最好的努力明證！

　　—— 2007.7.22
　　—— 刊高雄市《太極拳雜誌》，第 173 期，2007.10.1 發行

55.學術研究那一年

　　法學研究所畢業後，我堅持要南下高雄自食其力。當年，先生為供給我讀書，選擇轉服預官役，在工兵學校擔任教官；很快地，我們在左營「國貿眷村」租下一小公寓，又開始了我工作的生涯。

　　應徵函寄出三天後，出乎意料之外，我得到第一份工作；這是極其僥倖的事，因為競爭者十七人均是電腦方面的碩士。這項國科會的專案研究，主持人是中山大學資管系的黃慶祥教授，而我是唯一的助理研究員；因為是一生中僅有的一次研究計劃，直到如今我還牢牢的記著。

　　黃教授待人十分誠懇、包容，嚴格中也有慈祥的一面。開始工作時，我從英文文獻資料，依序歸納檔案；對我問卷調查設計的意見，他並無太多的異議，結果，回收率高達八成以上。而實地採訪時，是既興奮，又緊張；經常頂著大太陽，穿梭在各加工出口區。半年後，儘管工作量突然增加了許多，所有的資料整理、回收問卷，以及電腦統計迴歸係數分析，到最後的撰寫報告書，一點都不能疏忽。

　　我這位商學士、法學碩士，竟也奇蹟似的把原來不懂的東西

全部弄好，對本來視為畏途的電腦也發生了興趣。累了、倦了，就自由地走出我獨立的研究室，散步前去望海；海色雲光的美景，便讓我覺得心神怡然。

　　工作了一年，真的感到很驕傲，我在參與「資訊管理政策」這本書上盡了力結了果。在黃教授的推薦下，我鼓足了勇氣，毅然報考東吳經研所博士班，雖然只獲得備取第一名，但我還是很感激有此機遇。

　　我一直以為自己很得「師緣」，從小到大，都有良師在一旁督導著、幫襯著。之後，雖然順利地在屏東師院等校任教，但那一年的學術研究，過得充實又愉快；對我而言，它激起了一種上進的喜悅，這是最值得我珍惜的。我也深悟到，惟有研究，才能提高學問的興趣，才能提昇學習的動力。走過這一段人生的歲月，也賦予了我更堅毅的勇氣向前衝創，回憶起來，覺得興味無窮。

56.回鄉荊棘路

　　這是一則真實的故事。一個叫做世明的原住民得到了遲來的幸福和尊嚴，但是他卻長達四個多月遇到失業的困頓和挑戰生存的危險。故事的發生僅僅是在昨天，內容是世明在求職路上一路走過的是條充滿苦難和血淚的荊棘路。

　　他，年近五十、中等身材、不沾煙酒及檳榔，頭髮有些灰白，是社會弱勢族群中的一個人物，阿美族與泰雅族結合而生的原住民。出生時，罹患了罕見的腳趾扭曲症，所幸，不太影響步行。據他述說，臺東是他的出生地，卻離鄉背井、半工半讀到高職後，輾轉在花蓮吉安鄉工作，直到四個多月前，他因工作達九年之久的某一牧場因經營不濟而倒閉，遂成為中年失業族。可嘆的是，父母已雙亡又孑然一身、無妻無子。接踵而至，是在極艱困之際，他在花蓮地區流浪，靠自己僅存的盤纏渡日子；直到透過就業服務站的協助，終於找到一家台東市永豐餘紙業分公司，願意在今日上午十點給予面試機會。

　　而我只是個離職大學的老師，正從高雄喬遷到台東來寫作的詩人，恰好在前院打掃時，巧遇上這位靦腆又一身疲憊的原住民。我適時提供了早餐、物品及微薄的心意，並透過網路、積極幫他在市區找尋租屋。適巧，在更生路旁有家大型的園藝行的林老闆，

聽到我的解說，熱心地表示，願意提供一雅房，讓他先暫時居住下來。就在我替他感到欣喜之同時，忽然，昨日黃昏，接到他急打來電話，說明永豐餘已通知，公司可能考慮另用別人一事。不禁，我也跟著他焦急起來。我急急騎上腳踏車，到火車站前搜尋他的蹤影，但苦尋不着，只好落寞而回。

　　今晨，剛好有里長騎單車在庭院前打招呼，我憂心地告訴她這則故事。沒想到，她主動表示，願意帶我去找尋他的蹤跡，並積極打電話給一洗衣店老闆，代詢問有無缺職之事。沒想到，也很順利取得面試機會。可惜，因他手機已沒電源又身無分文，我跟里長已花了一小時，沿途問統一便商，但只打聽到他臨時借用廁所的訊息，未能找到他的身影。結果，我乾脆親自登門找上永豐餘公司那位負責面試的會計周小姐，幾經溝通，她很誠懇地表示，公司負責人也是慈悲的企業家，她願意再請吳世明明日起回公司，負責包裝部門的工作。這真是遲來的喜訊，可是，迄今我還在等待吳世明的再度聯繫，但我已留下名片給幾處協助搜尋。但願，他的故事在未來幾日內有圓滿的結局。讓這位回鄉的原住民在故鄉又重開出生命的花朵 —— 這是為善者的歡樂，也是社會光明的延伸。

　　此刻，我讓世人可以看到這位原住民永不放棄的努力與求職的荊棘路。談吐中，他似乎懂得大自然的規律，而我能感覺到，他選擇從花蓮步行三天三夜的餐風宿露及躲過這次鳳凰颱風肆虐的艱苦。他，在尖銳的苦痛與現實的輕視中掙扎，卻一派樂觀，因為，他心中的上帝始終沒有遺棄過他。這故事也告訴了我，通往成功之路，總是阻力重重。冀望他能在此環境努力打拼，在生

活裡找到告慰與永恆的平靜！

　　　　　　　—— 2014.9.23 午後
　　　　　　　—— 刊《人間福報》，2014.9.24，刊文
　　　　　　　　　題目「人間處處有溫暖」。

57.重遊台北城

離闊多年，再度重遊台北，是在去年十二月下旬，第一天自左營搭高鐵北上至文協參加新詩學會舉辦的頒獎活動，很榮幸與高興的認識了很多詩友。會後聚餐也感受到詩友滿滿的祝福與鼓勵。

第二天清早，由住台北的弟弟載我至臺北車站搭火車至鶯歌，承蒙詩友熱情接待，我們沿著陶瓷老街漫步；老街兩側的陶藝和傳統攤販小吃，總誘得我禁不住停下腳步，每走一小段就想把光陰擲回童年的記憶中。

匆匆逛了一圈，由詩友安排吃飯，隨即趨車直奔中和參加一場追思會。在追思會場又遇見很多詩友諸如鍾鼎文老師、墨人、林煥彰、麥穗、向明、白靈等，會場簡單、隆重。大會由益成兄主持，大老與詩友們一一被請上台或講述或朗誦悼念文先生的詩文，更添另一番感動。會後，親嚐文師母準備的手煮茶、點心、蜜餞、水果等，而我也由左營先一日以快遞寄來幾十個可口的豆沙包，請大家享用。

而今，偶然於夜深人靜時陷入沉思，台北城，那一張張詩友誠懇、和善的面孔越來越清晰。想著，想著，思緒已化成一陣繽紛小雨，只可去夢裡捕捉……　　　　　　── 2009.1.18

── 刊臺灣《葡萄園詩刊》第 181 期，2009.2 春季號

58.山城之旅

　　九份的天空，一隻鷹忽而略過車窗，留下一抹微藍，金線也乍現即隱……

　　公車蜿蜒地抵達終點，遠樹把山澗裏蒸出了香氣，使青山薄染了歡愉，最後終止在半半樓上。

　　詩人因相會而沉浸在喜悅、興奮的情緒裡，在煩囂的遠離之後，細啜著，在沒有風阻、沒有浪隔、安詳似的樓窗前，僅管屋頂正在整修，鋼筋也裸露於水泥外；但茶裡的醇香、蓮霧，讓詩人們讚不絕口，我也加入其中。詩人的歌時而激昂、時而清越，跟著開始娓娓道來，歷史殘存的深深印象……

　　直到午餐時刻，有著紅燈籠高高掛起的整條老街，遠客不絕於途；在煥彰二姐小吃店，我慢慢地品嚐，反芻著香濃的湯麵、古早味的魚丸。返回半半樓後，詩人詩興大發，文筆縱情隨意鋪陳，極盡所能地詠嘆這山城之霧；時而促膝談心，時而吟哦起舞。迷霧也跟著寧謐，又如此幽遠、神馳。

　　靜極了，只有小巷內偶爾探頭的遊客，點破這周遭的寂靜；我也斜倚在窗台，看遠天一個脫盡塵埃的一種純淨的意境。樓窗

裡的笑語，也掠過山巔水色，圍繞這一季初夏的黃昏。我不由得
融入遠遠無恃的思懷，那朦朧的霧氣中密密罩的，隨著午後的下
午茶，時間暫時遁入了永恆。

我不禁嗅著，帶著一勻微笑，冰涼的空氣裡，似乎也有那麼
一點薰衣草香；而我的意識之流也開始伸展，在光陰的道上，彷
彿中，我也悠然連成一片停駐讚賞的湖山……

今夜，霧，又悄悄爬上我的衣袖，那是我靈魂清淨的歇處，
是我不可計量的心靈泉源。每當黃昏暝色依舊，淡陽靠近半半樓，
我似爬上高山的峰腰，採得幾莖花草的遊子，眼底，遂湧現了輕
輕的柔。一切我的希望和回憶，就宛然於九份霧中……

〈黑鷹之歌〉
一隻
鷹　在灰藍蒼穹
候著
竟忘　默誦

幾朵低雲
幾多　波
凌空　放目
沉默依舊

可曾一直線飛過
河 的 對 面 的

清水　看雨豆樹下的花
或秋剪於西風

噢，我已描下前哨的
落日，一隻鷹
仍凝視遠方
捕捉到的，是一勺
笑容

　　　　—— 刊於《笠詩刊》，第 272 期，「詩
　　　　　人色彩學」專輯，刊文依規定散文
　　　　　含新詩一首，2009.10.15

59.赤柯山散記

　　我從來熱愛山裡的夏天。雖然無法體會有機農夫的辛勞，他們在八月金針花盛開之前的季節，將會如何盼望著初次到訪的我們？我實感到好奇，因此我到赤柯山中去。

　　沿著臺灣最長的縣道193號急駛而行，右邊是海岸山脈，左邊是中央山脈。公路兩旁盡是阿勃勒樹，只是還不到盛開期，但仍可想像鮮黃色花朵成串迎風搖曳的豐姿；還有綠田、山巒，白鷺鷥驚鴻若夢……

　　當我們直達玉里鎮掃叭頂民宿，興奮地俯視著花東縱谷沖積扇的秀姑巒溪，它可算是東部第一大河川，正潺潺流去……頻添了許多閒情逸致。享用午餐後，車經舞鶴，有數十家自行烘製茶葉自產自銷的茶園，散布在寬闊的台地上。而我們的終點是吟軒茶坊，它位於道路斜坡上，黃老闆不僅是有機茶農，更是無毒手工黑糖的專家。

　　據說，在日據時期，這片赤柯山就以盛產赤柯聞名，日本人將赤柯木材砍下運往日本，做為製作槍托的材料。光復後，經過先民五十年的辛勤開墾，如今的赤柯山已從荒蕪之地轉成以金針花聞名的勝地。在閒話家常中，也了解到他們堅持不使用農藥的

理念，而是以人工抓蟲除草，如此費神製作出來的黑糖及蜜香紅茶，風味自然獨特、香醇。黃先生夫婦是一對豁達的人，一如樂天知命的有機農民。儘管如此，克服困境的習性，驅使他們無視孤寂而微笑了。

午後三點，廣闊的山坡鋪上了鮮綠的地毯，地勢的起伏，隨時讓我感到意想不到的歡愉。在都市，人們難以想像大自然有如此生機！當太陽撥開雲霧，在披上閃爍發光的紅霞墜落前，我們只好依戀地離去。

這時，從山上向我吹來一陣濕潤的風，夏在太平溪谷、山坡蹣跚，盤旋。走呀！讓我去追尋金針花在遼闊的坡上留下的片刻芳蹤吧；走呀！讓我放眼俯瞰四周如海似的綠疇吧。

我在吟軒茶坊告別。金針花從大自然的心中綻開，如同碧海中湧出的浪花朵朵。再見了，赤柯山！長久以來我面對苦悶時，解救的道路就是親近大自然。讓它通向自己的心靈，如同這赤柯山只有恬靜，這裡只有和平。

啊！靜視著周遭的另一些地土。在天空底下，我感到無比幸福。我往小路緩緩走去，迎著的這股風，讓我傾聽到夏蟬的歡唱，而散發的草香與楓林的異香，在風中也飽含著重逢的許諾。再見了，赤柯山，美麗的田野！我像少年離別家鄉似地同你告別。

—— 2015.7.19

—— 刊臺灣《人間福報》副刊，2015.8.17 圖文

60.鹿野高台記遊

　　七月下旬，再沒有比到鹿野高台更好的去處了。雖然仲夏裡偶有強風來襲，今日也因鋒面作怪，從午後刮到黃昏，但這種想望卻越來越強烈。在友人陪同下，我們驅車去看看這夢裡縈繞的老地方。

　　從龍田村沿著指標一路往高台走，穿過豐饒的滿是農作物的田野，有一剎那我深深懷念起這些鄉間小道。車經高台茶葉展示中心，一大片寬廣草坡隨即映入眼簾。今年六至八月，除了在鹿野外，也陸續在太麻里曙光園區、縣立體育場及成功商水等地舉辦了七場東岸光雕音樂會來配合熱氣球活動。

　　鹿野高台從來不是被稱為渺無人跡的。秋冬雖然沒有活動演出，但遊興不減，是因它與夏日的風情了無差異，仍能見到它平靜如故，這正是高台的迷人之處。那永遠不會失去光澤的綠野，以及永遠永遠散發著自然的芬芳，是沒有終了的。

　　在落日掩映中的中央山脈，是那樣清晰光燦。草坡上長滿了鐵線草，也有攤販提供各種飲品及點心可資選擇。但這只是背景，高台上的熱氣球才正是一幅畫。帶著期待又興奮的心，斜草坡上的，盡是想逃避城市裡的悶熱的旅客。

　　今天抵達已經較少興奮了，友人把汽車停在樹下近高台的地方。這兒唯一不同於冬日的，是熱鬧的廣播聲音，還有播放熱情而歡迎的音響。在靜靜的黃昏裡，終於，飛行教練跟團隊架好了第一顆熱氣球！孩子們跟旅客都開心地笑了。我也看到一隻藍蜻蜓飛在草坡上，在低處自在地飛翔……我不禁目眩起來，不知時間的飛逝。

　　登上草坡最高處的高眺亭，整個高台地區與卑南溪谷的景色，一覽無遺。鹿野的熱氣球自由飛行空中遊覽，可用全視野悠哉地俯視山脈溪谷、農田原野及水塘湖泊之美。也可以繩子固定熱氣球定點昇降的服務，讓民眾體驗一下熱氣球的高空冒險。

　　每當五彩繽紛的熱氣球將高台的天空點綴成夢幻的場景或結合音樂的鼓舞節奏時，這種浪漫激盪的饗宴，總是最能吸引遊客慕名而來，而我們也一直待到散會才依依不捨地離去。

　　晚飯之後是一片安靜，窗外小葉欖仁樹仔打在屋簷、地上，咚咚做聲，讓我不禁帶著歡笑步出小屋，任微風吹拂。這真是閒散而美妙、天晴氣爽的一日啊。

── 2015.7.24 夜

── 刊《臺灣時報》，臺灣文學版，

2015.8.2 圖文

61.生命的樂章

　　清晨初醒，天空還沒有放明；推窗外望，迎面撲來了一陣涼風，幾絲細雨。洗完手臉，就撐傘出去；這颱風過後的天氣，朝陽怕是難得見的，但我還是喜愛晨間運動，喜愛它帶給我蓬勃的朝氣，也喜愛清新又濕潤的空氣。

　　幽靜的步道上，我來回地踥步著；在我的回憶中，印象特別深的是與友人春遊阿里山。那天，天是灰藍的，遊覽車外的雲朵不住地舒捲，變幻著，馳逐著；滲透著晨曦鵝黃、金橘色的曙光。我那孩子般的心在車上，禁不住高興的唱起歌來。終點前綠樹成蔭，依依稀稀地看到粉紅欲滴的櫻花，真是美到了極點。

　　森林裡有大自然無數的寶藏，但見神木傲立穹蒼，山高谷深，壯美得令我陶醉；空氣裡浮蕩著淡淡檜木的香味，它們靜靜地撫慰著旅人，並賦予這一幕歷史，最特別詩意的一面。

　　我們盡收山林之美，無限清雅；我的感動力與山石一樣，是晨光下的一種喜悅氣氛，讓我沉浸在興奮的情緒裡。對我而言，是一大覺醒，也讓我真正發掘生命的意義。

　　回程時，順道到古樸的美濃小鎮用餐，熱鬧到十分。幾壺茶、

滿桌山中的菜餚、野味,豐盛地擺在前面;大家歡欣洋溢之情宣染在整個飯館內。歸途的道路兩旁,都開滿波斯菊、金盞花、白的、粉紫的花海,迎著殘陽,妝點著草色的稻田;直到暮色沉沉的夜空,透著稀微的星兒,才一一不捨地返回家中。

追憶那次的踏青之旅,沿途奇景美不勝收,這份曾有的回憶自然難忘;心中不免興起一番感懷:「原來歡笑也會感染別人,使人隨之笑逐顏開;如果我們真正地受到感動,我們的情感的真誠便會傳播給他人。」我深感到,人生在世,無可挽回的是時間之矢。牛頓曾說:「愉快的生活,是由愉快的思想造成的。」我也相信,樂觀的人,總能在生活中尋找到彩虹!

能回到心的寧靜,是一種光榮的事,也是一大享受。一個人只要心中有愛,就會努力去使自己變得更好,萬物也將變成一首和諧的交響曲。而所有這些感觸及自省,還得歸功於家人及友人對我的關愛,讓我擁有喜樂的人生;而我也將專於寫作,日日年年,永不止息。

—— 2015.9.6

—— 刊臺灣《臺灣時報》台灣文學版,2015.9.13 圖文

62.野薑花的回憶

清晨，一陣柔和的秋風徐徐吹來，透著濕意。

在市場擁擠的人流中，有個老人家靜靜地站在街道的轉角，幾縷晨光灑落在他身上。我走近時，他探詢地看著我，輕聲說：「太太，買束花吧！」我的眼睛亮了起來，然後小心翼翼地把花放入車籃，內心充滿了一種全新的歡悅。

回到家中，我把它一枝枝插進一只義式透明的水晶瓶裡，這花兒不但簡潔而生動地呈現出瑩瑩的白，凝結住滿鼻腔滿心靈的清芬香氣，更有一種綠與白勻稱的感覺；加上我心中憐愛的眷戀，突然溫柔地撩起我的回憶。

記得小時候，我最喜歡西螺大橋的水，有一個理由是它以其蜿蜒流動的生命，又是育養瓜田菜圃的生機所在，使得它顯得活力又朝氣常駐。當然，橋上車輛往來穿越設計美妙的橋樑，陪襯著夕陽西下，紅霞滿天，勾劃出一個經典唯美的畫面，而周遭的綠野風光也為這座著名的建物的壯觀背景，增添了幾許浪漫的意味。

有一次歸途中，無意間行過一大片野薑花田，旁有竹林、籬笆，小池塘的水面漪灕蕩漾，強烈地吸引住我的視線。我目不轉

睛地呆看了一會兒，在寂靜的風中，我看得見幾隻蝴蝶在花叢裏旋轉，花兒在純淨裡彷彿是一切美的頂點。

　　我左右環顧，為了在短短的停駐中，能留下更多美好的記憶；我興奮地赤足走進了花田，讓潮溼的雙足，沉浸在夢幻般的童話世界裡。我在每一朵花前一一佇足，徘徊留連不忍離去，直到友伴急迫地催促聲下，才快速地騎上單車奔回家中。

　　如今，客廳裡的花一樣放香，我念念不忘的，其實不是野薑花田，而是那段單純的歲月，那種童稚的情感。偶然憶及往事，就好像此刻又見了一朵朵盛開的野薑花，又聞到了田野的清香，也感受到一種難以言喻的喜悅。

　　英國詩人布萊克曾用「一粒沙中看世界，一朵花中見天堂」來讚嘆造物的奧妙。時光匆匆，中年後的我，已懂得甜美的生活，要靠自己去創造。也深刻地體悟到「活著」的美好。原來生活當中，簡單就是美！此刻，瓶中花依然開得爛漫、花香婉轉幽雅；似乎正默默地給我最深的祝福……

── 2015.9.14

── 刊臺灣《臺灣時報》台灣文學版，

圖文 2015.9.27

63.御史畫家

　　記得十多年前曾參加林孟貴〈1943-〉在高雄市立文化中心舉行畫展時，那股壯懷激烈的英雄氣概依舊，但對藝術創作來說初顯崢嶸，已令人驚嘆不休。

　　這位才華出眾的御史畫家，曾任三屆監察委員十八年、二屆的國策顧問。畫作雖歷經寫實派、印象派，轉型至野獸派，但用色大膽、繽紛浪漫，澎湃著原始的生命力與熱情。另一個特色，是色階表現極具音樂性。這是她浸潤於藝術的領域裡，不斷的鑽研追尋，累積下來的豐碩體驗。如果不是她擁有高度的音樂素養，怎能透過油畫注入個人的理念情感，而那渾厚穩重、不讓鬚眉的氣宇，也絕非一般油畫家所能比擬的。之後，她也在台北國父紀念館等地舉辦個人畫展，並受邀參展於法國美展。這是她對油畫特殊情感的堅持和現代藝術理念的執著所形成的，故而其作品擁有一股震撼的魅力。

　　觀後認為，孟貴女士的畫作呈現一種心境 —— 回歸恬靜、自由。這是她在光輝的政治生涯之後的一個轉折點，靜下來漸漸深入思維而體驗出來的。她的創作投射出過人的膽識，勇往直前的精神，也延續了她的藝術生命。如這幅「初試啼聲」的作品，這是根據海軍諾克斯級巡防艦「鳳陽艦」前艦長施惠敏，在民國八

十五年八月間第一次試射魚叉飛彈的相片而畫成，畫面令 我感受
　到海軍捍衛海疆的雄姿，十分感動。

　　這樣對藝術的執著與愛國精神，在今日政壇紛紜的時代裡已
經不多見，而孟貴女士卻做到了。我由衷地佩服。

—— 2015.10.7

—— 刊臺灣《臺灣時報》台灣文學版，

2015.10.16 圖文

艦艇飛彈

64.宋伯伯的五彩饅頭

今夜，我望去前方閃爍著一排昏黃如豆的街燈，顯得那麼孤獨，寂寥。步移街頭，月色淡淡的落在草叢上，我聽到了一種親切、蟲鳴的喧響……這裡，星辰的莊嚴，讓我感到生命是多麼渺小！還有淳樸的人情味，都是我所渴求的。

我想起了老龍眼樹下瞇著眼、專注地看著報紙的宋伯伯笑得特別靦腆。也想起了在一個美好的秋日，驅車到達鹿野武陵綠色隧道時的一片綠意。讓人忍不住凝視的天空，是那麼純淨的藍，是不會無端受著愁緒的拘牽的。

這社區是由一群熱愛鄉土文化的居民共同參與，在綠色隧道綿延數公里間，他們成立了「臺東2626市集」，產品有在地生產兼具環保、創意、手作的各式各樣藝品，如苦茶油、草仔粿、小米年糕、阿拜、茶葉飯糰、草莓冰淇淋、紅豆餅、養生麵包、滷味、蛋捲、梅子果醬、水煎包、原住民美食等等。

其中，宋伯伯的彩色饅頭讓我印象深刻：瘦小的秋香堅持要留下傳統的好滋味，不惜使用老麵揉麵糰，製作過程絕不混雜膨鬆劑和香精。因為耗工，才能讓饅頭留住最原始的感動。

　　走進三合院裡，雖是老舊，但陳設樸實而乾淨。聽說，宋伯伯是浙江人，跟國民政府來臺後，被派到東部開發，他和二百八十位同為榮民的袍澤就在鹿野生根發展。遺憾的是，宋伯伯的兒子第二代傳人於今年病逝了，目前由第二代的媳婦秋香及其兒子第三代傳人繼續刻苦地經營著。

　　三十年前，秋香從花蓮嫁到永安村後，跟著宋伯伯及第二代的宋先生一起學做外省口味的水餃和包子饅頭。宋伯伯饅頭裡的麵皮多混以紅麴、南瓜、山藥、桑椹、菠菜和芋仔蕃薯、綠茶、鮮奶等形成了多彩顏色，不但好看又養生，口感扎實Q彈，曾獲得許多老顧客的支持。

　　秋香也自己種了些有機的蔬果來製作麵食，每一步驟都馬虎不得。麵粉、水、老麵，再加上材料，揉好後，放五分鐘醒麵，再撒些許麵粉，揉勻擀開，切成塊，之後擺蒸籠。特別注意的是，蒸前先靜置十分鐘才開始蒸煮，約二十分鐘關火，八分鐘後才可以打開籠蓋，最後取出饅頭。我瞧瞧她的背影時，就好像這是她生命中最珍貴的那一部分，那發自仁慈與愛的熟練動作，與守護家庭的勇毅，令我動容。

　　帶著滿滿的兩大袋饅頭結帳後，她忽然又走進屋後一會兒，回來時帶回兩顆香甜的釋迦放我手上，我簡直不敢相信，因為感動與歡喜，我能感受到一股暖流，我希望這能給她一個不錯的友誼開端。

　　在假期中，我仍會不斷地想起她的辛勤與付出。當我下次再

碰面時，我希望給了她一個擁抱。那天中午，我在宋伯伯平屋邊上告別。從樹梢上向我吹來一陣濕潤的風，在那天空底下，我感到幸福，也將會常常懷著對這位已耳聾的老人家對製作饅頭的堅持，獻上尊敬。

彷彿中，我又看到那微微霞光的秋色，看到綠色隧道中聳立著一排排高大、蔥鬱的木麻黃和樟樹。路過的轔轔車聲於一剎那間顯得格外清晰。我倆踏著落葉，沿著林蔭，周遭的一切也散發出不受羈絆的風的氣息。我久久地沉默著，在我頭上的一朵朵雲彩間，我記下了這位高齡九十二歲的榮民那坦然、自在的臉，在我看來是永生的。我把這幢「宋伯伯五彩饅頭」平屋畫在繪本上，目光跟永安社區的景物一一告別。再見，宋伯伯！再見，秋香！

—— 2015.10.19

—— 刊臺灣《人間福報》副刊圖文，

2015.11.4

65.不凋的欖仁樹

　　那天是十月下旬，門前繁殖者兩棵小葉欖仁樹，因為它們長得太茂密了，雜枝易落，不得已才向縣政府農林處及土木科申請修樹。終於，經歷了數小時的施工，收隊時已是下午四點餘鐘了。它卻輕鬆自如似的，仍向上高高地伸展著，如同一個仰面靜坐的巨人，正用它全部身心去感受秋風的吹拂。也就在這個時候，忽而下起了雨，淅瀝瀝的雨聲，輕叩著我的心，逸我清聽。

　　其實，門前矗立著一整排高大的欖仁樹對我來說，一直是上天賜予我新居最珍貴的禮物。當它們綠葉成蔭，形成樹林而生活時，樹形如傘、極為優美，加上樹勢強健，使我尊敬。每年冬季，葉片由綠轉黃，大量的落葉在空曠的街旁滾動時，孤寂的身軀，好似落落寡合的武士。這時，可以看清它們的主幹渾圓通直、樹枝線條細密而長，分枝極多，到新春才又萌發嫩芽，葉細小而軟，塔型樹冠層次分明，使我更尊敬。

　　許多個清晨，我可以站在它們的庇蔭下，看到一隻松鼠像以前一樣與我捉迷藏，靈活地四處遊玩。常臨訪的鳥雀、路邊的野花，或與之交織而過的流雲、野風也都來為它們舞蹈。任世界喧囂紛擾，而它們只是安於自己的命運、實現自己心中的法則。

　　這些，原產於非洲的小葉欖仁樹，努力地充實自己的形象，深植於臺灣的街景或校園、山區等地，也忠實地紀錄了台東人心中最綿長的思念、所有的苦痛、幸福與繁榮。我高興一年多來有它們陪伴著我，這跟我喜歡它們的堅韌甚於庭院裡自己栽種的花旗木是同樣的理由。我會願意傾聽它們的語言，看著樹梢上葉子的最微小的動靜，一邊唱和著它們嘹亮的歌聲，一邊拾起乾葉子的嗖嗖嘆息，我就得了無可比擬的喜樂。

　　修樹後翌日，這兒已經沒有巨爵颱風的來襲，更沒有假日的人群、車聲，整天都很安靜。少有人知道，車站旁的台鐵宿舍入門，在小葉欖仁樹林中最深的小徑裡，我常在那裡駐足。遼遠的天空中的密密小葉裡，有許多鳥兒在樹影中飛動。在淡淡的晨光下，小葉欖仁樹那幽空、寧靜和無畏的臉，在我看來是生氣蓬勃的。

　　這些高大挺拔、在晚秋的風中微微搖動的樹木已栽種了數十年光景。在那樹冠上，每片葉子、每根細枝、它們安安靜靜地等待我的到來。而我總會向著日光醒來或黃昏後，與它們會合。然後，我眺望到東北角上的更高、更遠的都蘭山的主要範圍，而且還可以望見中央山脈雲霧繚繞的一部份。是啊，世間再沒有比心的寧靜更幸福。毫無疑問的，小葉欖仁樹，一直都是臺東站地貌中最美和最具代表性的。它們的厚實與不事雕飾，它們的堅韌與高舉向天，也是予我以鼓舞、以激勵的。

—— 2015.10.26
—— 刊臺灣《人間福報》副刊，
　　圖文，2015.12.3.

66.富源賞蝶記

　　秋末，在富源森林遊樂區的花園，可以看見有鳳凰木、五葉松、櫻樹、樟樹，還有番茉莉、法國覓等園植。花圃上面的晴空，純淨而高，有我生平沒有見過這樣多的彩蝶。牠們像是重新獲得了自由，舞在花叢雲端間……

　　我踩著苔痕斑斑的石階和落葉，大自然在這個時節，特別顯得安和，這是我最欣喜的。漫步這座全台最大的樟樹林及原始闊葉林的園區內，這森林的氣息經過洗滌、沁入肺腑，呼吸之間特別有勁。據說，每年三至八月有多達數十種以上的蝴蝶在這兒翻飛，是最佳的賞蝶季節。

　　沿著環溪步道而上，漫流的水聲淙淙，心曠神怡。不多時，已來到了富源吊橋口。眼前白燦燦水花與經過造山運動和高溫擠壓而形成的變質岩是那麼地奇偉！在光影下反射澄碧的潭水，又像是非常之藍的寶石、閃閃地眨著眼的星群。溪流在岩石間邊跳著舞、孩童般的歌著……眼前所能看得見的景物，都是值得我尊敬的。因為它們保有了一種堅強的淳樸，一種歲月崢嶸的骨氣。

　　抵達終點，由峭壁上飛流直下的瀑布，水聲曼妙、涼風習習，無限的愉悅。然而，幾乎遺忘的夕陽很快地把遠處的山頭映得通

紅。我們匆匆地驅車而歸。此刻,天空中圓滿的月亮,瑩白的光
直刺到窗前。我對著燈默默地思念起這群翩飛的小精靈的舞姿、
互相在愛戀的親吻。

—— 2015.10.30

—— 臺灣(臺灣時報)臺灣文學版刊 2016.1.4
　　刊散文(富源賞蝶記)及水彩畫 1 幅。

67.世詩會記遊

　　台 11 線風光旖旎。沿著海岸公路,滾白浪花千片,海天一色,流雲在廣闊無垠的天空漫遊。車過東河新橋,眺望著出海口。有時,一艘漁船劃開波濤,在深邃的藍海上馳騁。山巔、岩石、椰林、涼亭,各種顏色、各種芳香的大樹在窗後掠過;看它們高聳入雲,頗有南洋熱帶的氛圍。路邊的花兒在樹下交錯,在水溝旁攀緣,鄉間小路有笠農一邊忙著搬運,一邊忙著將通風的容器裝盛。

　　車過溪橋,越過了山邊與聚落……正是眼飽之際,車子已抵達花蓮和南寺。這座佛寺承襲廣欽上人的法脈,是一九六七年開山住持傳慶老和尚到此修行所建。拾級而上,彷彿是山色海景中的畫廊,建築風格靜穆而不華麗。

　　風在林中嬉戲,麻雀從枝上飛下來,在綠地躑躅。寺前可遠望太平洋及山腳下的禾田,山巒上聳立一尊造福觀音塑像,是傳慶禪師與雕塑大師楊英風合力完成的。藝文中心前有許多媒體在場等候,見證這歷史性的一刻。這是我第三次造訪和南寺。不變的是,啁啾的鳥鳴、不知名的昆蟲——處處都有大自然的惠贈,讓這裡充滿一種親切而粗獷的和諧,卻富有美麗的變化。

　　十一月六日,第三十五屆世詩會在花蓮,這是今年之中和南

寺最光耀的日子。由於偶然的機緣，來自世界二十八國的詩人將在這裡相會、共聚朗讀與音樂的美好時光。大會佳賓如雲，共有一百七十位國際詩人與各國使節等數百位詩人來台，我受邀於主辦單位台灣詩人代表之一。遺憾的是印度前總統卡藍（A.P.J.Abdul Kalam）因病逝。當笛聲悠揚……放映出卡藍詩人昔日來台的影像，來自印度代表的五十位詩人莫不動容。

欣喜的是，我又與 1985 年諾貝爾和平獎得主 Prof.Ernesto Kahan 再次相見。他和另一位印度著名雙語詩人 Jacob Isaac 最近合著一本英文詩集『Suggestion』，廣受好評，這是本歌咏世界友愛與和平的鉅著。我們互贈了詩集，真有感到意想不到的歡愉。

午後兩點開完會議，雖然趕往美侖飯店用餐時，有些疲憊，但有多少美麗的回憶深藏心底。有什麼東西比這相遇的片刻更加感動呢？我們能親近地聚集一堂，甚至語言也沒有什麼距離，精神生活也變得異常豐富。

歸途，雨珠像璀璨的鑽石在腳下閃閃發光……遠山迷濛，原生林木森嚴茂密，沿路清靜，幽寂。同是山海風韻，這裡的海岸線更像一曲北方的牧謠。岩壁、還有茂盛的植物，所有這些，都帶著無盡的思念。

我不會忘記，世詩會上的真誠友誼。回頭望去，城市的燈火也逐漸消失了……而在前方，夜雨編織著密實的網，昏暗的路燈，顯得那麼孤獨，那麼遙遠，似乎是在天涯之外。再見了！我敬愛的詩人—Ernesto。

　　── 2015.11.7

　　── 刊中國《羊城晚報》副刊 2015.11.10，
　　　題目為《在天涯之外》。

　　── 轉刊美國《亞特蘭大新聞》2015.11.13，
　　　B8.圖文刊登 3 張。

2015.11.6 作者林明理與 1985 年諾貝爾和平獎得主
prof.Ernesto Kahan／我們互贈了詩集，真有感到意想不
到的歡愉。

68.紅葉部落之秋

臺東縣延平鄉紅葉村是棒球的原鄉，臺灣人都這麼說。

然而，由於時空不同，到底變成什麼樣的風貌？我很好奇。只有真正到達紅葉部落，才能嘗到旅情的滋味。

於是，我們踏上寂寞的鄉間道路……隨著台九線和綠意的延伸，隨時有飽享山巒和白雲的饋贈，秋天的空氣清明，不像都會那樣的多雜質干擾。一切部落間平凡的聲音，此刻聽起來都美妙悅耳。枝上的雀鳥，互相歡唱，似妙樂。對面環擁著不盡的青山，著意引人，泉聲越發變得清響了。

數代以來，紅葉部落谷中的布農族多在緩坡地默默地開闢田園、耕作。不料，八八風災重創了部落經濟。幾經沒落、困厄……好不容易才重建修復。但最近政府欲將整個部落的保留地與農耕地變為開發區，這讓當地住民惶恐不安。因為，部落一旦失去土地或淪為財團入侵，就會失去文化與未來。到底如何留下部落的根？讓紅葉部落回歸傳統與土地共生，是值得深思的。

我久久地佇立在棒球場旁，溫潤的風吹拂著我凝望的臉，我盡情地呼吸著隨風拂來的記憶，怎麼也停不下來。

紅葉少棒在 1960 年代曾揚名海外，也打響了部落名氣。然而，這古老的部落走過無數災難，走過輝煌的棒球年代，走過熱鬧的溫泉期……這些在四十七年前曾獲世界冠軍的十三位球員多

已凋零,僅五人在世。他們歷經生計困頓,做過捆工、司機、攤販或雜工、農務等,有的因不得志而酗酒、車禍、病亡,幸運僅存的,有的做管理員或警察,令人不勝唏噓。

我踩著滿地的落葉,繼續前行……在偏遠的這裡生活的,大多是純樸的布農族人。這裡的原住民小孩對於運動多有與生俱來的天賦;加以位在紅葉國小內的紅葉少棒紀念館,是唯一可以緬懷昔日棒球英雄的身影和光榮的時光,所以是旅客們走訪紅葉少棒發源地之因。紅葉村,也因紅楓而得名,依然保存純樸原始的風貌。

當我看到紀念館內還高掛著「以石當球,以竹當棒,不怕烈日,不畏狂風,不畏暴雨,刻苦耐勞,嚴守紀律,百折不撓的紅葉精神。」這幾個字時,我再次被感動了,也為這些小將們的命運不濟而痛心。館內陳列紅葉少棒隊使用過的球具,已顯斑駁……那些珍貴的照片、文物與選手們的矯健身影,也將布農族文化與紅葉少棒隊緊緊地聯結在一起,突顯出原住民在臺灣棒球發展史中不可磨滅的地位與角色。

雖然,紅葉少棒隊迄今也常在國際比賽中創下佳績,甚至也有職業棒球隊以臺東為訓練地點,棒球風氣仍興盛。但是,旅客卻明顯銳減了。

「你今天生意好嗎?」我問。

「噢,我等你們都等到鬍子變白了!」紀念館前推著咖啡行動車的布農族原住民紅鬍子先生說。

我緊握著手中這杯特別香濃的研磨咖啡,深深地吸了一口風,就在這一瞬間,傳來小選手鏗鏘、響亮而又興奮的打擊聲,

我從鐵絲網洞口，窺見了這一幕，仍存有一份莫名的激動，也感受了部落小孩的純真……我倆踏著落葉和步道，快步進入了紀念館。偶爾可以看到一兩個遊客走去，但轉眼間紀念館門前又空無一人，只有零星的攤販似乎在饒有興味地觀賞著這些寂寥。

黃昏的光線暗淡而靜，更加強了周遭舒適愉快的感覺。在我們享用紅鬍子夫婦免費招待的土產山蕉跟熱花生後，又到了必須告別的時候了。現在已無須用言語來表達我的敬意，因為我在他們身上看到布農族人有一種堅強的淳樸的性格與親切待人的情誼。

是啊，這裡各處湧流的溫泉，使人聯想起曾經的溫暖和豐足，這種獨特的溫暖和豐足，正是紅葉村的生命。儘管眼前仍有許多難題正考驗著政府的智慧，但這裡有純樸的、辛勤耕作的族民，有呈現著深膚色、粗獷的勇士和溫淑的婦幼，隨時可以聽到鳥鳴的音韻和族人的歌聲……是啊，紅葉村是我旅途中最感動又感傷的畫廊。

夜，讓周遭安靜了下來，只有我輕輕地，闔上了眼簾。

整個晚上，我都在星空中捕捉昔日那些少棒選手們曾有的閃光、歡喜的神情，以及布農族民隱隱約約流露出來，卻比以前更燦然的溫情。整個晚上，我想起紅鬍子夫婦的身姿和他們的微笑。於是我明白了……

因為，我不會忘記，延平鄉紅葉村在早年臺灣的棒球史上，發揮著重大的作用的那些故事。這正因為紅葉村是布農部落和原住民的故鄉啊，那裡有我永不褪色的光彩記憶。願命運之神長遠庇護著紅葉部落吧！　　　　　　　　　— 2015.12.2

— 文刊臺灣（人間福報）副刊，水彩畫
　1幅，攝影四張，2016.02，13。

15　副刊　人間福報 Merit Times　2016年1月13日 星期三

紅葉 部落之秋

文與攝/林明理

我緊握著手中這杯特別香濃的研磨咖啡，深深地啜了一口風，就在這一瞬間，傳來小選手鎮錬、緊湊而又興奮的打擊聲。

紅葉少棒紀念館

紅葉少棒昔日所贈紀念杯

69.加路蘭之晨

　　初冬的一個早晨，屋外雨絲飄飄。我想起有一次，隱失於雲端的黎明前，我興沖沖地趕到離家不遠的加路蘭遊憩區；在那兒，繁星步步隱退，我穿越都蘭山下的土地和太平洋懷抱的風，只想兜住太陽的金鬍子。

　　因為秋天在那裡飛舞，豎琴上的小風車彷彿是童年的我寧靜地繼續著蔚藍的馳騁，與風悠悠地吟和著……忽而，籠罩山巔的雲彩變成了小白船，是那麼地輕盈、那麼柔美，彷彿置身夢幻的史詩場景。

　　我腳下寬廣的草坪更使得無限的綠意盡收眼底，還有漂流木的裝置藝術、石雕及枕木藝術品，似乎無言地宣導著永續自然的美學觀念及價值。而踏上觀景台上的情景也同樣令人陶醉：看，當曙光輕撫海面，浮雲和藍天嬉戲，讓人充滿希望與勇氣。這海和天，如同戀人，與我分享著千百則愛的訊息……

　　加路蘭（kararuan），這夢幻般的美名，它是臺東縣東河鄉的阿美族部落，在我心中，早已交織成一股永不止息的暖流。在這片光海裡隱約還能看到飄浮著影子的綠島，時而消失在雲霧間，時而重新出現。當金黃的晨光照進山林，把一束束光芒照耀在都

蘭灣黑色柔細而耀眼的長灘上，我們踩著被海浪磨光的鵝卵石，這裡，也是喜歡日出跟衝浪者，不可錯過的私房景點。

我輕步漫遊，沿途海濱特殊的植物生態十分豐富，有玉蘭、瓊麻、紅刺露兜、可可椰子等等。臨近的小野柳風景區，還可看到遍生白水木、林投、黃槿、海棗等植物，群鳥在花朵與露水之間雀躍地呼吸著。在椰林步道上，獨享這秘境天地，或是在涼亭內，傾聽波浪和聲響……這神聖的地方，沒有虛妄，一切都溫柔。

啊！旅人，你到底有多久沒有一睹初昇的旭日？又有多久沒有觸摸濕潤的花草？如果不是乍起的陣風、葉聲的墜落，這周遭本是個靜寂的世界。但遠處不時傳來浪潮聲，在穹頂之下，還有海鳥時而劃過天際的粗嘎聲……這幅圖畫的宏偉和感動是我所不能表達的。

在加路蘭，我的愛的面前，我的視野擁抱世界，我的靈魂樂於進入山海的深處，在都蘭灣的上空翱翔，在岸畔沉思，在那邊與風奔逐，甚至可以說獨自站立在繆斯面前，吟哦一首歌……

這時，窗外陽光躲在樹梢上端朝著我嘻笑，啊，這的確是我永恆的回憶，也是最幸福的倒影。

—— 2015.12.6
—— 刊中國（羊城晚報），副刊，
2016.2.12

70.冬日鸞山

　　沿著 197 公路蜿蜒而上，我想像大自然在正月會不會失去光澤與朝氣？

　　可是一下車，眼前廣植的白梅在冬日嚴寒裡，卻傲然地綻放出生命的花蕾，渲染了一派清麗多姿的風景。而慘淡的陽光姍姍來遲，是最燦爛、最期待的。

　　即使在我們不畏寒意仍興沖沖地站在稱為鸞山的休憩區裡，周遭的花木永遠不會除掉盛裝和失去盎然的生機。這片廣闊的草地鋪上了鮮明的綠毯，還有曼陀羅花、聖誕紅、紫牽牛花……默默投下了閃動的光輝。

　　站在這海岸山脈卑南族聖山都蘭山的西麓，面對卑南溪及中央山脈，可俯瞰山下鹿野高台、初鹿牧場。向西遠眺，更可見紅葉部落跟整條鹿野溪流，一切景觀盡覽無遺，使我感到意想不到的歡愉。

　　在木雕布農族牽手圖騰的廣場前集合解說後，由族民胡先生（俗稱穿山甲）引導我們數十位遊客，開始探訪原始森林廊道。隨山勢盤繞，山下卑南溪也忽左忽右的出現。整座森林充滿自然，生態豐富，走進去有如電影阿凡達的夢幻情境。

　　首站是「會走路的樹」，地面披上了美麗的苔蘚，巨大的白榕樹與不斷的生長氣根，擴展了樹的範圍，有時相連的氣根斷裂，又獨立成一棵白榕，因而這裡的樹時時刻刻都在成長變化，神奇的連筆也無法描繪它的美！

　　說起來，布農族遷徙史，真是坎坷！全台布農族約有五萬餘人，早期布農族的活動範圍都是在中央山脈一帶，族人原居住在海拔一千多公尺的內本鹿 Isdaza 地區。據說十八世紀初期，族人為尋求新獵場而再次大遷移，自今南投縣信義鄉越過中央山脈，在現在的花東一帶的秀姑巒溪上游處建立部落。

　　1938 年（昭和 13 年），日本殖民政府強迫內本鹿社的居民遷徙，以便管理。幾經抗爭，於是巒社群和郡社群只好進入海端鄉，並逐次向南擴展到卑南溪各支流如鹿野溪等（延平鄉）建立聚落，也有部分被迫遷到卑南溪東岸海岸山脈建立了鸞山部落。

　　鸞山，布農族人稱為 Sazasa，意即「肥沃土地」或「這是一個甘蔗會長得高、動物會活躍、人會活得很好的一塊地」。它位在海岸山脈南端的都蘭山麓，隸屬台東縣延平鄉，這裡居民多為布農族。境內有貫穿連結池上和台東。

　　而鸞山部落就在中央山脈及海岸山脈間，俗稱「飛地」或「跳地」。布農族人以生命落實永續部落的概念與生態教育推廣，在露天博物館中，處處可見壯闊的原始林，及數間依傳統工法搭建的傳統家屋群。

　　從台東市區到鸞山部落約要四十多分鐘車程。鸞山村又被譽

為「穿山甲的故鄉」，被部落列入追蹤保育，其數量居全台之冠。這是目前臺灣中低海拔僅有保存最完整的楠榕混生林帶，深藏著上千棵珍貴的原生白榕樹和大小楠木。

「穿山甲叔叔！為什麼這裡會被稱為【會走路的樹】呢？」

「那是因為榕樹的氣根隨時間而不停地蔓延擴展，就是原生枝幹枯萎時，氣根也會取而代之，就像樹不斷在移動一般！」

哦，記起來了吧！電影「魔戒」中，模樣粗大會走路的樹人，就是出現在在這都蘭山的鸞山部落的！2004 年，生態關懷者協會帶著「世界環境倫理之父」羅斯頓（Holmes Rolston III）前來，也曾大為讚嘆：「這絕對是世界級的資產！」

如今，在各方人士奔走及鸞山阿力曼館長等族人努力下，已成立了「原鄉部落重建」基金會，並闢建為「森林博物館」。為了保持這森林的原始風貌，目前入山是採總量管制，以保有真正原始的野地世界。

來到鸞山森林，除了可以親身體驗原住民在山林裡的生活智慧，也隨時可以聆聽到風聲、鳥囀。鸞山的鳥類種類豐富，計有蜂鷹、大冠鷲、竹雞、紅嘴黑鵯、烏頭翁、白眉鶇、赤腹鶇、綠繡眼、繡眼畫眉、大彎嘴、小彎嘴等，而兩爬類和植物生態也是植物觀察的學生及研究者的最愛。

這趟旅程中，布農族人讓我們體驗到他們生活簡約而熱情的一面，也讓我們明白早期族民墾荒拓土與忍耐人生苦痛的那一份毅力！他們用最低的物質需求，最簡約的生活，教會我們放慢腳

步，細細體會鸞山之美。如同品嚐他們細心為我們準備的南瓜煎餅或炸野菜、炒苦瓜、竹筒飯、薑汁地瓜、熱騰騰的樹豆湯、水果、搗麻糬……看似樸實無華，但一地有一地的情味，笑語也嗡嗡地響動了。

尤其感到特別的是，由布農族廚師兼帶動唱的阿美教我們在心連心八音和唱，溫馨又感動。終於，在下午兩點結束了全部活動。

「為什麼布農族以【八音合唱】聞名呢？」我很好奇，就要問一問。

原來是在西元 1952 年日本的音樂學者黑澤隆朝將布農族的Pasibutbut（祈禱小米豐收歌）寄至聯合國的文教組織，結果引起帶代的知名音樂學者的高度關注及認定。可不是麼？這可是世上獨一無二的和音方式呢。

回到鄉居的漫漫長夜裡，雨敲著屋簷，噠噠作響……想到了鸞山，便不能忘懷在那裡的一大片森林，那深深淡淡的霧峰。更可懷念是那一幫來自各地的旅人，卻親切地聚集一堂，奮力地走完全程，精神生活就變得異常豐富了。

鸞山，是大自然無限的寶藏。看，布農族人在山裡，一代又一代成長，經歷時空。我們需要山水生活，山水更需要我們維護。願我的冬之歌，迴盪在部落的春天……

—— 2016.1.17 作於台東

—— 刊中國（羊城晚報）副刊，2016.1.19.

71.在東岸中閃爍的大海

我總是如此喜愛大海。

一個清美的早晨，在東岸中閃爍的大海，波紋斑斕，宛如一大片黃金。緘默無聲的空氣中比歌更動聽的浪潮，使我精神安寧。

車經東河橋轉入台二十三線東富公路深入海岸山脈，可來到台東縣著名的泰源幽谷。面對著這嚴冬、峽谷、與溪流湍急奔騰而下的美景，我會突然感到孤獨。

這裡是東海岸唯一的封閉式盆地地形，也是海岸與縱谷的過渡地帶。因馬武窟溪自泰源盆地向東侵蝕海岸山脈，最後鑿穿出海而形成了這峽谷，總共綿亙四公里，尤以登仙橋至泰源村間的溪谷最引人注目。

溪谷兩岸的岩壁是屬於火成岩的岩性，有著堅硬的地質，因而造就出峭壁斷崖。加以河流的侵蝕作用，河道上佈滿帝王石，溪水清澈，益發顯得壯闊出奇。

一路上，我像是一個回到了故鄉的農夫，遠離了奪目的世界，來到這世外桃源，而風正無限溫柔地飄搖進入我的幻夢。

我聽見落葉的聲音，它稀疏地飄下來，有的時候是風的緣故，有的時候因為台灣獼猴在樹林成群出沒的跳來跳去。當牠們追逐

遊客投下的食物，或晨昏覓食的遊盪時，常為旅客帶來意外的驚喜。

走過一段妝點花傘與彩球的老橋，從遠處看去，一座紅橋像是跨越到海的邊緣上。幸運的話，還可以看到泛舟的蹤跡。如繼續到達東河休閒農場，可順道參觀果園。這 裡盛產大百柚、葡萄柚、文旦和甘橘。森林步道兩旁老樹、巨石比比皆是，區內還有望夫崖、小瀑布、水濂洞等自然景觀，也頗有韻致。

近午，抵達「東部海岸風景區管理處」，卻顯得冷清而靜謐。

這裡沒有喧囂，空蕩蕩的廣場被寒風吹得一塵不染。水道裡有成群的錦鯉跟小魚兒悠遊其間，滿谷林木，乳白的雲朵低低懸垂……偶有三兩隻白鷺，時不時地落在海上飛翔，孤寂的身影遠遠地在海岸，但沒有任何應和的聲音 —— 遺憾的是，正巧今天是除夕年假，旅客稀稀落落。

這處風景區成立於 1987 年，位於成功鎮都歷，背山面海，其管轄範圍總面積為 41,483 公頃，北望可見成功鎮和三仙台，南眺可及台東東方 33 公里處的綠島，景色絕佳。最南為小野柳風景區，東方還包含海平面 20 公尺等深線，以西為省道台十一線向西及第一道山稜線為界，另外包括秀姑巒溪瑞穗的泛舟河段和綠島等範圍。

區內遊客服務中心設有多媒體簡報室和東海岸環境資源展示館；民俗活動中心有傳統的阿美族祭屋和家屋等建築，及寬敞的戶外表演場。在我的感覺與印象上，大自然沒有教我們忍受痛苦的藝術，那大海的波濤，是那麼澄澈的蔚藍，萬物的輪廓，融在

柔曼的蒼白中，的確是再美不過的事了。

　　若由花蓮往台東，往東岸那邊，沿途有石梯坪的壺穴景觀、八仙洞的史前文化遺址、石雨傘的平衡岩、魅力的漁港烏石鼻、三仙台的八拱跨海步橋、水往上流奇觀、漫步藍色邊境杉原海灣、小野柳的浪濤與巨大的珊瑚礁群、詩意的富岡漁港、可遠眺都蘭灣的加路蘭海岸休憩區等許多景色，讓來到東海岸的旅人能親身體驗自然、簡單與純樸的島嶼風情。

　　沿途，有晾在風中的飛魚，有著矮矮的茅屋，沙灘上的越野車，懶洋洋的街狗，望海的老人，稚氣的孩童，男的，女的……他們之中，有的世代相傳捕魚或打獵，有的耕作，有的販賣椰子汁、熟玉米、香蕉、釋迦等美食。有的有羞澀的眸子，有的是結實的老婦人，他們都同在島嶼陽光的微笑之下向彼此打招呼。

　　但是，和千百年一樣，特別在年節的今天，無論發生過任何事或相距多遠，多數的台灣人似乎具有驚人的毅力，都會奔馳於回家團聚，或繼續他們辛勞的，祖祖輩輩相傳的事業，讓生命之花慢慢綻放。

　　這世界很美！雖然島嶼又歷經震災的傷痛，面對永恆的現在，只要能時時關照自己內心微小的火光，無論是生者，或為生存而奮力者，甚至對所有哀悼者而言，哪怕是 海面上看不見一星燈火，也聽不到一絲浪濤飛濺的聲音，只要心中有愛，就能屹立在煙霧迷濛的深淵之上。只要還有彼此關懷，就能經受最沉重的考驗。

　　光陰瞬換，白天在我住的屋子裡，生活是簡單而平凡的。雲

在高山上，偶有松鼠在樹幹間晃動，鍵盤聲聲隨著心緒在飛……低哞的黃牛和咕咕的鳥鳴 —— 後山充滿一種親切而粗獷的傳奇。一切都很平常，呼吸過森林的芬醇、真誠的友誼，不時傳來熟悉的聲籟，也非常自然。

我的房子也緊靠著海邊。要想看海，沿著東岸，它好像有某種魔力及其最精微的變幻，能把煩憂洗滌了，也清淨了。那一片藍，是無可非議的和諧！

天空中各種禽鳥好自在的飛向天空，以及那些往來徘徊於樹梢的綠蜥蜴或瓢蟲、黃蝶對我都是欣慰。特別在冬天，當東岸的海被太平洋風刮得洶湧澎湃，像猛獅一樣撲湧過來翻騰著浪花的時候。

「但願東岸永遠這麼美！」我自言自語道，但願我們都能找到心中的青山！啊，那銀白的海鷗，似乎躊躇滿志，奮力地飛向那壯闊的大海，掠過許多旅人的心……對旅人留下一層哀傷的溫柔撫慰。我微微的垂著眼睛，直到目力所不及。

是啊，春在梢頭，不愛拘束的鳥雀兒在巢裡做好夢。田裡的秧苗，長得十分嫩綠，風刮著，倒映出一湖綠水。這一切都要是愉快。是啊，大地終將重現新的生機。在這座島嶼之上，我對大自然的力量也體會得比往常更加透徹。因我們的血液、命運，不也和島嶼連通在一起嗎？　　　　　　　　　—— 2016.2.15

—— 美國《亞特蘭大新聞》2016.03.11
——《羊城晚報》2016.3.15 刊出〈東岸行〉

二、新詩近作

1. 雨，落在愛河的冬夜

雨，落在愛河的冬夜
數艘白色小船上
在這多雨的港都，彩燈覆蔭下
獨自發送著溫顏

剎時，母親之河
廣大而平實
在那兒牽著勞動者的手
像從前，端視著我

啊，雨，落在愛河的冬夜
一隻夜鵑低微地呻吟
在這昏黃的岸畔，群山靜聆中

何處安置我僅存的夢？

哭吧，我以感動之淚
接受雨，和恩典
聽吧，時間的小馬上
我是永恆的騎士，覓尋黎明的歌者

是的，收起遊蕩的翅膀
那生命的薔薇早已關上了門
不再憂鬱地望著我，只有躲在冷黑中的風
任遊子潤濕了瞳孔

—— 2012.7.25 作
—— 刊台灣《創世紀》詩雜誌 173 期，
　　2012.12 冬季號。
—— 收錄《雲林縣青少年台灣文學讀本
　　新詩卷》，2016 出版。

2. 九份黃昏

初夏蹲踞的霧氣散後

小鎮開始從回憶中醒來

茶樓與紅燈籠高低錯落

古老的礦坑仍殘留著

些許漫長蕭瑟的夢

驀然回首石階前我瞥見

在褪去的灰空下我們曾緩一緩腳步

在落羽的山風與一朵朵傘花中

—— 刊台灣《文學台灣》雜誌，2011.07
秋季號。

—— 收錄《雲林縣青少年台灣文學讀本
新詩卷》，2016 出版。

3. 行經木棧道

黎明，帶著你折射出思想的芬芳來吧

跟著我，來吧，到石涼苔滑的棧道

在岩壁上像個僧侶披著雨帽

親吻安謐中小青草比往年更茂更高

還帶著一切夢想沉睡的白蠟樹

冷杉和山毛欅

用北方的民間歌謠

把夢想深藏在河流之心的夜空

來吧，把我也變一點兒

哪怕靈魂已凝成一座礁石

根根青草在波浪中起伏

—— 刊臺灣《創世紀》詩雜誌，168 期，
2011.09 秋季號。

—— 收錄《雲林縣青少年台灣文學讀本
新詩卷》，2016 出版。

4. 生命的樹葉

它飛上簷前了
在風中嬉遊
仿若小小的藍蝶
穿過神祠
藏在水花裡面

我是隻灰雀
任遊黑色的田野
大地給予了我自由
總得繼續飛上
落霞的雲天

—— 《新地》文學季刊，18 期，2011.12
—— 收錄《雲林縣青少年台灣文學讀本
　　新詩卷》，2016.出版。
—— 刊《臺灣時報》，文學名家大展，
　　2015.8.9 圖文

5. 淡水紅毛城

初冬第一個早晨
在古城的中心
在丹麥美人魚的噴水旁
在烏雲挑逗 ──
空蕩蕩船艙的碼頭旁
這裡
時間緩慢到我幾乎察覺不到細雨在飛
如雪般精緻排列
它主宰了我
讓我可以學會輕鬆以對
然後
隱隱聽見
觀音的微笑慢慢綻開
綿延成島嶼之花
冬藏的莿桐，年年在岸邊眺望
草坪鏽砲上
一座高聳蒼老的
紅毛城
明天是感恩節嗎？
臺北的天空，開始變冷了

我嗅到陽光的慵懶
躲藏在碉堡裡
來回尋找失落的故事
那是介乎綠瓷牆與
這條臺北盆地的母河之間
有著千萬顆忍不住的眼
但只有一聲長嘆
啊，哪裡有我故鄉的夢？
哪裡能夢得見當年居高臨下
露台的槍眼？
來年又會嗅到什麼，
只有濤濤的河水
嗚咽地流。它嗅到了故鄉的圓月

　　註：紅毛城，位於台灣新北市淡水區。該城最早是在 1628 年由當時佔領台灣北部的西班牙人所興建，後來聖多明哥城遭到摧毀，1644 年荷蘭人於聖多明哥城原址附近予以重建，又命名為「安東尼堡」，1867 年以後曾經被英國政府長期租用，被當成是英國領事館的辦公地點，一直到 1980 年，該城的產權才轉到中華民國政府手中。紅毛城是台灣現存最古老的建築之一，同時也是內政部所頒訂的國家一級古蹟。

　　—— 刊真理大學台灣文學館《台灣文學評論》，2012 年第 12 卷第 2 期夏季號。
　　—— 收錄《雲林縣青少年台灣文學讀本新詩卷》，2016.出版。

6. 越過這個秋季

越過這個秋季
荔枝樹，鳳梨田，驕陽橫
在故里
幾棟陳舊的紅瓦上
映出過去的歲月
映出我年少的無邪

路依然沒有盡頭
或許，夢想也是真實的？
那是父親蒼老的背
面對山
目光常泊在蟬鳴的院子周圍
而我竟聽不見自己的悲切

越過這個秋季
該是怎樣的冬天
我探視
我打量著地面
小小的翅膀搖晃在
生命之光與世界的疼痛之間

—— 刊臺南文化局《鹽分地帶文學》雙月刊，
37 期，2011.12。
—— 收錄《雲林縣青少年台灣文學讀本 新詩
卷》，2016 出版。

7. 綠淵潭

若沒了這群山脈，恐怕妳將分不清
通向另一片蔚藍的希望之船，
那裏黎明正在沾滿白雪的雲階上等妳。

總是，在分別的時刻才猛然想起
潭邊小屋恬靜地下著棋，當晚星
把妳從落了葉的岳樺樹後帶往我身邊，
別憂懼，我已沿著那隱蔽的淒清昏光
滑入閃爍的冰叢外虛寂的海洋。

—— 2010.6.24
—— 刊臺灣《創世紀》詩雜誌，2010
　　冬季號，165 期。
—— 收錄臺灣《臺灣時報》，文學名
　　家大展，2015.8.9 圖文

8. 在高原之巔，心是如水的琴弦

我的生命如風

在高原之巔，心是如水的琴弦

一步近在腳下，一步一生遙遠

在菩薩之路……我經過

一個又一個聖峰

無垠的草原與星野

我見過，佈滿風霜而平和的

也見過喜極而泣的臉

而你，青朴溪谷

像鏡般映射靈魂

你的歌裡，像雄鷹自由安祥

在人潮之間

有一種不同凡響的詮釋

註‧每年朝聖者翻山越嶺、不辭辛苦地抵達大昭寺前，想見被供奉在裡面的釋迦牟尼佛，人們為他們掛上哈達，恭喜他們完成心願。對他們而言，抵達不是朝聖的終點，而是嶄新的開始。

2015.11.20

── -臺灣（秋水）詩刊，第 167 期，2016.04.

9. 想妳，在墾丁

每年落山風吹起
是墾丁旅遊的淡季
但我總會想起妳
如同孤鳥
整夜不眠地徘徊在
月光覆蓋的礁岩上

當我拾起貝殼，貼進耳裡
我就感到驚奇，彷彿
那座軍艦石潛過大海
瞧，妳長髮如樹冠的葉片般
柔美而飄逸
瞬間，如夏雨

蘇鐵睡眠著、白野花兒睡眠著
甚至連星兒也那樣熟睡了
只有沉默的島嶼對我們說話 ——
就讓時間蒼老吧
這世界已有太多東西逝去
我只想擁有自然、夜，和珍貴的友誼

　　註：屏東墾丁除有沙灘美景外，更被列為世界十大熱帶植物園，有著自然保留區保護的高位珊瑚礁植群。

　　　　　　　　—— 2013.12.24
　　　　　　　　—— 收錄《2015 世界詩選》，第 35 屆世界
　　　　　　　　　　詩人大會編印，2015.11，頁 280-283。
　　　　　　　　—— 收錄《臺灣時報》，文學名家大展，
　　　　　　　　　　2015.8.9 圖文

10. 秋　夕

在地球、月亮和海水的無垠中
我用愛與友誼的目光凝視著。我喜歡沿她
奧妙的燦亮走，使我感到很渺小，很迷失
我將牽繫於窗外她輝耀之所在
並感覺其神秘的沉寂注視著我的悲愁
至於那古老的傳說，早已通過無數個世紀
當然，往往是美麗而恆久的。

　　　　── 2014.8.19
　　　　── 收錄《臺灣時報》，文學名家大展，
　　　　　　2015.8.9 圖文

11. 等著你，岱根塔拉

等著你，岱根塔拉
盛夏的草原沒有塵世煩瑣
鷗鳥領我飛入寬廣的懷抱
這樣我可以哭泣了
噢我的愛
馳騁天際的王子
思念　著迷　清澄　我的愛
我等著你
那湖的四周、灘川遼闊的
林木光影中
天鵝扮成詩人
蘆葦恍惚飄搖
浪沫與風濤交會成
絕勝
我瞇著眼睛
準備佇立涼城的山峰
啊雪融之時請與我一起
那時，天地將會遺忘是何物事
而我也會仰天而視至臥佛眼瞳

註：岱海位於內蒙古烏蘭察布盟南部境內；宋元時代稱「鴛鴦泊」，清代蒙古人稱之為「岱根塔拉」，後稱岱海沿用至今。

—— 2015.5.31 作

—— 收錄《臺灣時報》，文學名家大展，
2015.8.9 圖文

12. 夢見中國 (一)

一、

在夢中
長城
近了
又遠了
在暮色裡
它驕傲地立在沙丘的邊緣
似彩虹鳥
無視大漠孤煙
曾經拴著它的悲痛
它讓千千萬萬中國人
思念永遠 ──
有如母親

二、

在我的記憶裡
沉睡在

花崗岩石中幾億年的
龍門石窟
永遠
透射出哲人的啟示
任洛水東流
岩石不老
而你閉闔的眼簾
娓娓道來
生命的永恆
且氣定神凝
嘗試著
朗誦給我的繆斯聽

三、
一排排魁梧的
兵馬俑士兵
紛紛舉手致意
重演秦都裡的操演
絕不讓虎門的砲聲
再度驚醒百姓的甜夢

四、

嘉陵江燈火簇擁
這一幕天堂也似的美景
讓李白杜甫又踏韻步來
汽笛鳴響了
一彎新月爬上船梢
靜聽
唱酬的詩音

五、

雨落在青海湖中，如同
杜甫的詩。在那兒
天上有海，海中有天
巨大的鏡面上
滑行著白帆點點
牛羊飄動如雲
要把高原的荒漠化盡
我聽著藏歌喧騰

—— 2015.8.19

—— 刊臺灣《秋水》詩刊，第 165 期，2015.10，
　　頁 37。166 期，2016.01，頁 38。

—— 獲中國《詩詞家》雜誌社主辦，（2015 美
　　麗中國首屆全國旅游詩歌大賽）獲獎。

13. 夢見中國 (二)

在極美的十月裡
我以真摯之眼凝望你
水一樣澄澈，火一樣灼熱
聽，海濤聲那樣悠揚
我一腳在台灣，一腳在中國
就這樣忘卻了一切苦痛
我努力睜大了眼，望向聲音來源
你的影子
以及無數勤奮的身姿 ——
宛如一大片金沙
圍繞著我舞蹈

我是真的來過這兒
或只是錯覺？
是夢，又不是夢
歲月如流，你露出光潔的面容
彷彿碩大的寶石
我願是海邊的一個水手
依附著一大片溫暖的黑暗
然後，我聽見了浪潮聲

也聞到海草的味道
是你
招來璀璨的朝陽
將我擁抱

—— 2015.10.2 寫於台東市

—— 臺灣《秋水》詩刊，第 167 期，2016.04。

—— 獲北京（2015 全國詩書畫創作年會）詩歌
　　二等獎，收編（2015 全國詩書畫作品年
　　選）。北京出版。

14. 茶山部落之歌

當珈雅瑪樂聲再次響起
茶山郊外的百合已然入睡
所有的花樹
說出午夜的秘密
蟲鳥野獸，還有泉石的伙伴們
默念著同一個名字：
Baetonnu，Baetonnu……

在小米豐收祭裡
每一次聖火都藏著歡笑的歌
每首歌裡都藏著一滴淚
每一滴淚裡都有一個故事
每個故事裡都有悲歡離合
直到廣場之火熄滅
午夜一過群星便是僅存的溫柔

當樂聲在我面前清晰起來
冬天便開始變得意味深長
這部落，淡到極致的美
總是帶給我許多驚喜

有誰聽見
花開的聲音依舊
依舊是訴説一段溫暖的夢

一杯茶，品人生浮沉
只有露珠從草葉中輕輕滴下
像春雨一樣多情，像書裡的星星
總是那麼輕輕地
輕輕地
把部落之夜
守護

　　註：茶山村位於嘉義縣阿里山鄉最南端，鄒族原名為 cayamavana「珈雅瑪方納」，後稱為「珈雅瑪」，意思為「山腰上的平原」。村內僅四百多人，多為鄒族，布農族次之，還有少數的漢人。部落裡有許多用茅草、竹子及木頭搭建而成的涼亭，形成獨特的茶山涼亭文化。鄒族人在 Homeyaya（小米豐收祭）時，主要祭祀的是小米女神（Baetonnu），他們以小米祭屋為主要祭祀場所，是鄒族最重要的祭典。

　　── 2015.7.22
　　── 刊臺灣《文學台灣》季刊，第 96 期，
　　　　2015.10，頁 74-75。

15. 月河行

一、

來吧，同我漫步在月河古鎮上。

河光輝映西湖，紅燈籠在我眼前晃照。

讓我們共用這夜色光華，靜聽花落天地間。啊，我的戀人，我的海洋！

那些柳兒柔馴地低下頭來，摟一泓明月。路的那端，你的微笑是向日葵的微笑，你的腳印是詩人的腳印，你的張望似深藍的花瓣。

讓我們一步一步地靠近那些深巷，你可感到我手心的溫暖。

啊，世界將在這神奇的魅力裡伸展，而我要深飲這杯月色……深飲這夜的迷離……深飲你眼中的飄盪。

二、

來吧，同我漫步在月河古鎮上。

疏影橫斜在古橋和舊民居的流水旁，向我殷殷低語。

讓我們柔腸千回轉，聆聽花開花謝，無視周遭的紛紛揚揚。

那些皮影戲館的喧鬧，反而給我帶來平靜，你眼底的星星，為什麼這樣燦然？

讓我們划向那依水造勢的地方，你可感到我紅紅的臉兒。

啊，愛情將在這迂迴的老城裡燒灼，而月光在前面的小路上，我們依舊——閃爍著斑斕夢想，自在飛翔的芳香……

三、

來吧，與我漫步在月河古鎮上。

夜晚很平安，這江南府城經歷了多少個世紀？

為什麼這裡如此熟悉？

讓我們仰視運河兩岸，一樣的呼喚伴海而來，讓我沉湎於自己的冥想。

任憑時光匆匆，這片土地永遠如結實的胸膛。你吟誦的詩句，如熾熱的夕陽。

讓我們走入那評彈書場，你可感到我羞赧的笑容。

啊，時間將在我久久思慕裡靜止，而北麗橋下的流水似展翼的歌手，一路輕盈。奔去吧，且期待三河的彙聚。

四、

來吧，同我漫步在月河古鎮上。

我是只臨風的飛蝶，要在月河中盡情飛舞，將月挽留。

我要在穿梭不絕的人群中，把宇宙間的痛苦拋棄，把幸福的一瞬留住。

啊，我的月河，我的嚮往！我要在花鳥市集裡穿梭，直到黎明來臨，直到未實現的化為現實。

我要越過粽子文化博物館，還有在神秘的喜悅中溜轉。

飛去吧，—— 在星空下歌唱，在霧中吻別，在花叢中入眠。

噢……當月兒升起，我們的愛情故事，就像這黃金水岸綿延流長。

—— 2015.5.24

—— 獲浙江省嘉興市（2015 月老月河杯散文詩大賽），2015.08 獲（優秀獎），收錄中國（星星.散文詩）2015.08 期。

—— 刊臺灣《人間福報》副刊，2015.9.8 圖文。

16. 嵩山之夢

高高地
在如此多的山之間
我迷失了
如一隻歌雀奔向叢林
銜著綠色的夢
當七彩的靈光耀滿山頭

啊，我飛翔
當沉睡的地殼呼喚我
真的嗎
這是夯土築城的亳都
真的嗎
這是站成永恆的佛寺

這奇異的峻峰
是夢，又不是夢
我迷失了
連秋月與星空
嵩陽書院
也溶進了我遐想的心

啊，我飛翔
北瞰黃河和洛水
南覽潁水和箕山
面對林立宮觀
我合十
是的，我還要跟山水對話

飛過博物院和觀星台
飛過古城、關隘和戰場
穿過白雲和山風
心卻一直醒著
聽戲曲聲聲
一顆心也被鎖住了

啊，我飛翔
在茶樓
在巷弄
我翹首向來路張望
那些早已過去
如煙的往事已化為微笑

深深地
聽見了海峽的呼吸
感到了月亮的孤獨
我匆匆地來

　　卻迷失了
　　迷失在讚美嵩山的那一瞬

　　註：嵩山位於河南省，地處登封市西北面，是五嶽的中嶽。
古詩曰：「嵩高維嶽，峻極於天」，無論從自然地質還是文化遺
存上，嵩山都堪稱五嶽之尊、萬山之祖，也是儒釋道共處的聖地
之一。

—— 2015.5.14 作

—— 獲中國河南省中共鄭州市委宣傳部主辦
　　（待月嵩山 —— 2015 年中秋詩會詩歌大
　　賽）三等獎，獎金人民幣 1 千元及獎狀。

—— 刊臺灣《人間福報》副刊圖文，2016.02。

17. 寫給鶴壁的歌

1.《在彼淇河》

看哪，這蕩蕩淇水，
像鑲滿寶石，閃閃耀耀，
你看它威然在山林
如何化為太極圖騰！
它的光線伸向穹頂，
隨時間來回飛旋……
一旦觸到豫北
就釋出燦燦的微笑。

哦，即使我無法明白，
你是如此純淨；
不知是本著創世主安排
還是為給這世界帶來異彩！……
但遠方森森古柏與
晨鐘暮鼓
似乎也在聆聽
你的琅琅之聲，好似白鶴輕躍。

　　註：淇河是豫北地區唯一一條未被污染的河流，被稱為「北
方灕江」，因主要流經河南鶴壁市，因而被稱為「鶴壁市母河」。

2.《雲夢山裡的草原蒼蒼》

雲夢山裡的草原蒼蒼，
但四季是如此貼近它的呼息，
春溪潺潺，百花盛放，
夏秋茂草，冬來雪皓。
水映霞紅，風光旖旎，
但它不是神話，
看起來的確像仙鄉。

啊，這奇山和幽谷
清泉或妙洞，還有
比比皆是的鐘乳石 ——
我但願是撫琴的老人，
立在泉潭，
快把我一塊兒帶去吧，
飛到 —— 溫暖的草原胸膛！

註：雲夢山位於河南省鶴壁市淇縣西南十五公里，屬太平山
脈，素有「青岩仙境」之稱。

3.《金山寺的陽光溢滿樹梢》

金山寺的陽光溢滿樹梢 ——
看，周遭深綠與蔚藍，
井水清澈好似晨露。
龍王宮前，
是怎樣的飛天圖案，

讓遠古的一切，
發出熾熱之光！

啊，讓我走進你，
在雷峰塔前，
白娘子等待的石階上。
那兒有普納眾生的
寺僧，還有夜浴的星光
那兒萬籟俱寂 ──
但，透射出沉靜的本然。

　　註：金山嘉佑禪寺〈簡稱金山寺〉，位於鶴壁市區西北三公里
處的黑山南側，寺前山峰建有雷峰塔，相傳是《白蛇傳》中法海
禪師鎮白蛇之塔。

4.《瓷苑奇葩一景》
遠古的藝術要漫遊並不難：
雖然不似密西西比河沿岸。
但你看，出土的釉器多麼晶亮！
遺址內，還有
那工藝精緻的陳列館。

火紅的太陽啊，瓷窯的故鄉。
你為誰而歡騰？
在那裡奔跑、閃耀。
孤寂的夜空，還眨著眼睛在諦聽

那羑河兩岸 ── 神秘的聲響。

註：鶴壁集瓷窯遺址位於鶴壁市北的鶴壁集西邊羑河兩岸，面積約 84 萬平方米，文化層堆積深厚。它自唐代便開始燒造，中經五代、北宋、金，而終於元朝。

5、《昨夜，在五岩山醉人的夢幻裡》

昨夜，在五岩山醉人的夢幻裡，
我但願，是隻不眠的白鳥！
遊到石窟上，目睹它的榮耀。

這裡已是春天，
那顆星子卻牽引著我……
飛到高深的樹叢裡，
看佛頭山氣勢巍峨，
一種充滿梵唱的和諧，
在夜裡更感親切。

看窟龕和造像的鬼斧神工，
看護法獅子，閃著光燦的顏色！
看大氣之中，何等欣欣向榮，
看南北朝晚期藝術如此美妙！
你聽，還有各種合奏 ──
原來不離去的，還有沉思的蘆葦。

啊，那豈不是繆斯的腳？

讓我悄悄跟著走過去吧！
去石梯子和天池
還有
孫登洞的頂峰，
好似在一個光明的國度。

噢，只要我是隻不眠的白鳥，
親愛的，
多渴望出沒在如夢的山腰！

註：五岩山，又名蘇門山，古有兩觀一寺，南為五岩寺，北
為棲霞觀，下為葆光觀，是宗教聖地。它位於鶴壁市老市區八公
里處太行山北麓，因山有五谷，突起五峰，故曰五岩。

　　　　　── 2015.3.21 寫於台灣台東
　　　　　── 獲 2015 年河南省首屆（中國詩河鶴壁
　　　　　　　全國詩賽），提名獎，2015，08 公布。
　　　　http://yj.hebidj.gov.cn/?p=2555 全國黨建網站聯盟

18. 寫給觀音山國家森林公園的歌

樟木頭鎮的影子靜靜平臥著。
在景區內，許是聲聲的
暮鼓晨鐘，讓它細細傾聽，顯露平常的
輪廓。

正如你已經知道的，
這裡的森林不覺得被瞥視或寂寥，
珍禽異獸也偶有出沒。
百奧秘境，這名字。最能彰顯它的面容。

今夜，我將停泊，哪怕只是遙遠的
瞻望這座老城。
哪怕對景觀中的遠方
繼續編織著在此聚合的夢。

不要說，我不懂
那些諸多傳說的世界，說說這廣場。
說僧侶餵食野鴿，充滿靈性的
歡聲笑語。

説野果，説山花，説祥雲繞剎……
重覆的那些音調。
説百鳥愉悦如昔。
而我，又在許願樹前，寫在風中。

將臉倚在觀瀑亭吧，
或者説，風就是從那兒吹起的，
你會記起我的祈禱，而
所有的塵事已然變成一隻飛雁。

門開了。伴著這兒 ——
如此罕見的植物和生靈。
我就像風塵僕僕的遊子，
緩緩地在古樹旁坐下。

也許在感恩湖的某處，
是的，在那沉思的樹冠裡，
我想向它伸出擁抱的手臂 —— 就在此一，
美好的，時刻。

啊，請跟我來吧，
也許在很久以前，在無法逆料的人生之中，
我也曾循彎曲的山路來到你跟前，
和你聆聽這裡的鳥獸，用喜悦替叢林上彩。
　　　　　—— 2015.11.12
　　　　　—— 刊臺灣〈華文現代詩〉，第 8 期，2016.01。

19. 陽光下的時光

Ｚ鹿寮是梅花鹿奔跑的故鄉
老一輩人如是說。
那是閉上眼
就能想像鹿鳴如昨，還有
與溪燦然於蝶影的日子。

阿立祖啊，
每當　走下廣闊的
田野，群山壁立。
大氣高曠而靜寂，
有族人歌舞，面向部落。

不慌不忙的風啊，
我聽見你在鳥群中說話。
能不能也告訴我，
那奔游的魚，閃亮的河
為何又回到我腦海？小鹿在夢中。

註：台東鹿野有永安村舊名為「鹿寮」，早期可看到許多梅花鹿蹤跡，因獵補的關係，民國五十八年後就不再有野生梅花鹿。

直到民國九十七年在永安社區發起「找到回家的鹿」運動，由武
陵戒菸治所等單位提供土地設立了梅花鹿復育園區，冀望展開找
到回家的路二部曲。

— 2015.2.3

— 刊臺灣《人間福報》副刊，圖文，
2015.5.29。

— 刊臺灣《華文現代詩》，第 5 期，
2015.05，頁 61。

20. 雨落在故鄉的泥土上

RAINDROPS FALLING IN MY HOMETOWN
◎**TAIWAN** Lin Mingli 林明理
◎非馬博士譯　Translated by Dr. William Marr

一、

雨落在故鄉的泥土上
Raindrops falling in my hometown
你看見了嗎
Do you see it?
沒有人可遺忘
Nobody can forget
奧斯威辛集中營
the Auschwitz Concentration Camp
終於，那些殺人魔被聖火吞噬
At last, those devil killers were devoured by the holy flames
終於，那不屈的靈魂
At last, the unyielding spirits
得以解脫

were set free
告訴我，親愛的
Tell me, dear
為什麼我的手心裡
Why is your tenderness
還殘存著你的溫柔
still warming my hands
為什麼風像個無家可歸的老婦
Why is the wind loitering in this Square
徘徊在這廣場
like a homeless old woman
而你
And you
已遺忘了槍尖上的哀嚎
have already forgotten the screams at gunpoint

二、

雨落在故鄉的泥土上
Raindrops falling in my hometown
你看見了嗎
Do you see it?
那白色魔窟
That white den of monsters
是製造殺人病毒的工廠
is a factory manufacturing killing poisons

他們把病毒灑向世界
which they spray all over the world
在掠奪，在刑求
looting, torturing,
還無情地發出狂笑
and laughing mercilessly
啊告訴我，親愛的
O please tell me, dear
為什麼我的胸口
Why is there such a tearing pain
會有撕裂般的痛
in my chest
為什麼雨像個情人
Why is the rain lingering about the field
徘徊在這原野裡
like a lover
而你
While under the stone tablet
已沉睡在石碑下
you are sound asleep

三、

雨落在故鄉的泥土上
Raindrops falling in my hometown

你看見了嗎
Do you see it?
沒有人可遺忘
Nobody can forget
紀念碑裡的故事
the story of the monument
當我閉上眼
When I close my eyes
就能朗讀你的笑容
I can read your smiling face
就像五千年前的太陽
bright as the sun
那麼燦亮
of five thousand years ago
啊告訴我，親愛的
O please tell me, dear
為什麼我的喉管裡
Why your tears are flowing
流淌著你的淚水
in my throat?
為什麼雨像個浪子
Why is the rain running wild like a vagabond
狂飆在這林道
on this woods path
而你

And you, no longer looking sad or worried
已然像個雕像不再憂愁
have become a statue

—— 2015.5.7
—— 中譯詩刊臺灣（秋水詩刊），第 164 期，
　　2015.08，頁 70-71。非馬博士譯。

RAINDROPS FALLING IN MY HOMETOWN

1.

Raindrops falling in my hometown
Do you see it?
Nobody can forget
the Auschwitz Concentration Camp
At last, those devil killers were devoured by the holy
flames
At last, the unyielding spirits
were set free
Tell me, dear
Why is your tenderness
still warming my hands
Why is the wind loitering in this Square
like a homeless old woman
And you
have already forgotten the screams at gunpoint

2.

Raindrops falling in my hometown
Do you see it?
That white den of monsters
is a factory manufacturing killing poisons
which they spray all over the world
looting, torturing,
and laughing mercilessly
O please tell me, dear
Why is there such a tearing pain
in my chest
Why is the rain lingering about the field
like a lover
While under the stone tablet
you are sound asleep

3.

Raindrops falling in my hometown
Do you see it?
Nobody can forget
the story of the monument
When I close my eyes
I can read your smiling face
bright as the sun

of five thousand years ago
O please tell me, dear
Why your tears are flowing
in my throat?
Why is the rain running wild like a vagabond
on this woods path
And you, no longer looking sad or worried
have become a statue

—— 2015.5.7

◎Written by Dr.Lin Ming-Li
◎Translated by Dr. William Marr

—— 刊美國《世界的詩》poems of the World 季刊，
2015 年春季號，頁 36。
—— 臺灣台南文化局《鹽分地帶文學》，第 59
期，2015.08，頁 164-165。

21. 大好河山張家口

啊，多美麗的河流
橋下亮閃閃
站在八角台上
一邊是側柏、丁香和油松
一邊是山桃、海棠和沙果
有的在盛開
有的在凋落
那斜陽如此美
彷彿是南飛雁的夢
總是那麼輕輕地
把我的思念
輕輕牽引
安靜，舒暢，柔和

光正耀眼，松柏更繁茂
站在牌坊前
我默默傾聽
有音樂緩緩流入
有的美
從不需要歌

莊嚴的山
讓這片自然
處處充滿了神色
大水泉
清澈甘美，終年不涸
能浸潤於這森林的魅力中
就是幸福

巨大的草海啊
你為誰如此歡騰
多少逝去的帝王將相
曾在此佇立觀望
而我的相思
也從草原的那頭傳到這頭
閃電河上
舟影朦朦朧朧
遠處花草蔓延
駿馬奔馳
啊，這初秋
載不動我歡欣的蹄音
在永恆的凝望中

—— 2015.8.10 寫於台東
—— 刊臺灣《華文現代詩），第 7 期，
　　2015.11，頁 61。

22. 野　桐

四月的清涼 —— 終於讓這片野桐
唱起了歌。朝霧把山巒拂拭，
時間彷彿一瞬間過去了千年，而
我乘著歌聲的翅膀和你
重相聚首。
過去，我弄不清 —— 你若有似無
神秘的微笑。
今天，我那麼近地將你端視
無視周圍的一切……
倘若你願意 —— 我把你譜進
一支曲中。你會聽見我的傾訴
和我小鳥般的清鳴。

　　　　　　—— 2015.4.16
　　　　　　—— 刊《臺灣時報》台灣文學版，
　　　　　　　　圖文，2015.4.26。

23. 甘南，你寬慰地向我呼喚

甘南，你寬慰地向我呼喚：「到這邊來吧，」你說。

於是，我遠從彼岸越過海洋，在雪域高原與你相遇。在聖湖前，匆匆留下一吻，好似輕落的灰雁，香巴拉的春天。

甘南，你寬慰地向我呼喚：「到這邊來吧，」你說。

我們已久候了五百年。是的。你永遠像僧侶般 —— 沉靜而年輕。而我的眼眸不住地回想，永遠像雲般深情。

甘南，你寬慰地向我呼喚：「到這邊來吧，」你說。

我們的草原茵茵，我們的清泉傾訴著愛情的話語，鮮鮮河水，群山依依，這就是我們溫暖的家居。

甘南，你寬慰地向我呼喚：「到這邊來吧，」你說。

那兒有黃河第一彎，再往東南，便到郎木寺前。我在一起一落間，像蝴蝶徜徉於大地，重新笑了……

甘南，你寬慰地向我呼喚：「到這邊來吧，」你說。

七仙女又採摘野花了，一朵朵 —— 唱給聖湖聽，唱給陽光。唱給所有山山水水，唱給我。讓我輕輕靠近你的夢。

甘南，你寬慰地向我呼喚：「到這邊來吧，」你說。

六月，是最好的季節，牧場裡肉香奶甜，多麼欽羨！我再也不必嫉妒，因你永遠會妝扮這古老傳統的佳節。

甘南，你寬慰地向我呼喚：「到這邊來吧，」你說。

當熊熊柏火燃起，我們起舞、賽馬或摔跤，歌聲熱誠而俊美。

你會聽到我的祈禱，恰似嘹亮的拉也，直到聽不見黎明的號笛。

甘南，你寬慰地向我呼喚：「到這邊來吧，」你說。

西梅朵合灘的花，在你的懷抱裡緩緩盛開了。我在飛，清風吹拂，眾鳥飛躍，瑪曲的純真，無法忘卻……

甘南，你寬慰地向我呼喚：「到這邊來吧，」你說。

這是你孕育的牧民，這是你熟悉的青稞酒，這是你飛翔過的佛塔與森林，在你嬉戲過的沼澤，每一處生物都記得你的容貌。

啊，甘南，在我們即將分別的時刻，我沒有哭泣……

因為每年春末夏初，成群的草原百靈想念我的時候，那是我的目光 —— 它就像守望的星辰，直想你雄壯的歡樂。

—— 2015.3.23

註：甘南藏族自治州，簡稱甘南州，是中國甘肅省下轄的一個自治州。位於甘肅省的南部，青藏高原東北，黃河上游。

—— 詩作（甘南，你深情地呼喚我）獲 2015.07 甘肅省（吉祥甘南全國散文詩大賽）提名獎，當選 2015 第十五屆全國散文詩筆會代表。

—— 詩作（甘南，你寬慰地向我呼喚）刊臺灣（人間福報）副刊圖文，2015.7.17。

—— 詩作（甘南，你深情地呼喚我）刊於中國《散文詩·校園文學》甘南采風專號 2015.12（總第 422 期）。

http://news.tibetcul.com/wx/201507/35080.html 藏人文化網

24. 你繫著落日的漁光

你繫著落日的漁光
在我白色的星砂邊緣
一彎下腰，
我就忘了時間是何物
而不必裝作若有所思

我曾是追夢的捕手
也曾蹉跎過歲月
如今，一切都將重來
村裡的老船長已不再掌舵
我只有，把你的形象
披滿在木琴的憂鬱之中

—— 2013.8.11
—— 刊臺灣《笠詩刊》，第 298 期，
2013.12。

25. 縱然刹那

湖面滿是薄染
將落的金光
讓淺玫瑰的雲霞
溶在銀波上
遠山幾行
有如紫精屏風的灰綠
遠比星空更柔然無聲的顫動
動盪的一桅風帆

半湖碧水
不若妳明眸的閃爍
在影落波間
我感到宇宙只此一刻
春風拂來
我已幻成白楊之林
昂首矗立
在湖畔旁等候月光

—— 刊《臺灣時報》台灣文學版，
圖文，2015.9.6。

26. 朱　鷺

遠遠的朱鷺飛來了，
好像詩人丁尼生的門生。
牠鼓翼緩緩 ——
羽冠在微風中
好像浪聲如影隨行……
而漢水總是那麼浩瀚。

我到過許多城市，
數這裡的感覺最傾心。
古木低昂若一個戰士。
山勢高危，水石激盪，
把牠雪亮的羽也釉上了一層光。
瞧，牠目光凝定 ——
彷彿整個世界已然無關。

至少，我自己這樣地想。
這領地是多麼
寬廣。還有萬壑之中
或近或遠的清響 ——
啊，牠是連山岳都要動容的
 —— 熱愛祖國的姑娘。

—— 刊臺灣《華文現代詩》，第 5 期，
2015.05，頁 61。

27. 西漢高速

西漢高速把我帶進了
不可言喻的地方 ——
看那千山萬水
有無數個隧道
連接著橋樑
彷彿穿越了空中走廊
心中沒有其他雜想
嘴角洋溢著歡暢

那是秦嶺山脈的羚羊
還有金絲猴和熊貓
多美好的一天啊
新的鳥
在我心頭蕩漾
像是靜默地

指揮

縹緲的合唱

而我，怎麼也忘不了

這樣偉大的工程

是何等的榮耀

如何畫得出這美好的景象

難道這裡有

取之不盡的美

難道這裡是

繆斯建造的星國天堂

—— 刊臺灣《華文現代詩》，第 6 期，
2015.08，頁 84。

28. 華夏龍脈雕塑群

沒有到華夏龍脈
等於沒有看盡了風光

這些雕塑群
果是陝西的鎮寶
我在秦嶺深處散步
時空彷彿回到遠古
春秋、秦漢到三國
或從唐宋到明清

車在飛奔
向未來繼續前進

噢，我無法想像
那是怎樣的年代

又是怎樣的沙場

但這有何關係

眼前一切

已然變了許多模樣

人民在前進，甚至走得更穩當

沒有流盡了血汗

就沒有今日蜀道的輝煌

—— 2015.2.26

—— 刊臺灣〈華文現代詩〉，第 6 期，
　　2015.08，頁 84。

29. 給 Athanase Vantchev de Thracy(1)

Your smile, like the wind from the olive glove
blows into Monet's garden
Though I don't know the secret
I do know the aroma of the irises
drifting from the banks of the Seine River
enters my study
after the first winter snow

—— 非馬英譯

你的微笑，似橄欖林中的風
正好流入莫奈和他的花園上
而我不知道秘密是什麼
但我知道鳶尾花的香味
在最初的冬雪過後，便
從賽納河畔流到

我的書房

—— 2015.11.17 於台灣

—— 刊臺灣《臺灣時報》台灣文學版，

　2015.11.30 圖文

—— 笠詩刊 2016.02

30. 給 Athanase Vantchev de Thracy(2)

It's the wind that carries your name
Like the snow without any attachments
On the blue shore, in the lavender fields
Before the blooming of flowers on the island
In a high-spirited posture
Drifts across
The melancholy of a dancing egret

—— 非馬英譯

是風送來你的名字
如獨立不羈的雪
在蔚藍海岸上，在熏衣草田上
在島上繁花盛開前
以一種昂揚之姿
飄過
還泛著白鷺舞翩的憂鬱

—— 2015.11.17 於台灣
—— 刊臺灣《臺灣時報）台灣文學版，
2015.11.30 圖文
—— 笠詩刊 2016.02

31. 六十石山小記

秋夜，妳說出一個新星般的地名
於是，我們匆匆行去
無論是俯瞰花東縱谷
或是澄黃花海
那綠海波濤，如今
舞動的旋律已然消隱；

妳說
雲嵐
只要有藍天為伴
就很幸福
無論是在天上仙境
或是在遼闊的景致中；

我說

即使不是盛放的季節

那悅耳的風聲

綿延壯麗的田畝

總是

在小小的心舟，泛成音符。

　　註：每年的八至九月間，位於花蓮富里鄉竹田村東側海拔約八百公尺的六十石山，以廣達三百公頃的金針田聞名，又有「台灣小瑞士」之稱。

—— 2015.8.27

—— 刊臺灣《臺灣時報》台灣文學版，

2015.12.14，圖文

32. 給普希金

Aleksandr Pushkin1799-1837

你漫步山之巔，領受明淨的風雪
在我臨近　斯最美麗的邊緣
讓藍海、山溪、愛神、群星
為我們作證吧！
你深信光明必勝黑暗，而
我深信俄羅斯將永誌你的名！

── 2015.11.18
── 刊臺灣（海星）詩刊，第 19 期，
2016 春季號

33. 黃昏的潮波

── 給 Athanase Vantchev de Thracy

燦爛春陽下晶藍色的海啊
你，守護聖殿的王子，
一抹光在那些船桅高高的舊港上
循著你飄逸的步子通向大洋！
我的朋友，那驟然而落的靜寂
是你身著白色長袍與桂葉的花冠！

── 2015.11.19
── 刊臺灣（海星）詩刊，第 19 期，
2016 春季號

34. 冬日湖畔的柔音

它直挺挺地佇立在低枝上，
對林中的眾鳥毫不在意，
只靜靜地聆聽小山丘呢喃，
享受著各種溫度的幸福。
人們傳說中的愛的禱語
如清風，直抵
陽光下綿延的小徑。
而我獨自閒蕩，
輕盈，欣喜 ——
宛若拂草的蝴蝶，
不留下任何足跡。

—— 2015.12.17
—— 投臺灣

35. 邵武戀歌

當你的面龐在我的記憶裡逐漸清晰

這個秋日開始變得華采起來

就在這和平古鎮上

青石板小巷雨聲淅瀝

有時歡快

有時飄然

我在高牆間蜿蜒而行

聽悠悠樂聲唱出了胸中的渴望

每一刀花舞裡都有一個故事

故事裡都是你臉龐的模樣

你唱著穿過了譙樓

譙樓在你的歌聲裡迷醉

歌聲裡的月亮不再憂傷

你唱著穿過了書院花草

花草在你的歌聲裡飛翔

歌聲裡的芬芳是我的愛情

是我記憶中溫煦的陽光

你唱著穿過了許多宮觀和祠堂

星星也手挽著手在剪紙花兒的窗前

盼親人的呼喚

啊我的中國

啊我的故鄉

之二

當你的面龐在我的記憶裡逐漸清晰

這個冬日開始變得意味深長

就在這天然奇峽

聽風聲長嘯，觀丹崖茂林

有時豪邁

有時悵惘

我在錦溪傍眺望

遠方竹筏漂流

時而飄忽林間

每一山巒鬱鬱蔥蔥

每一碧水透明潔亮

我迷失在曲溪逐浪之間

在生機勃勃的天馬峰

遙思太極的奇妙通玄

風起了

你的漫步是蓮波的模樣

在另一個時空裡微笑

　　註：邵武市位於中國福建省西北部，武夷山南麓。和平古鎮建置始於唐朝，是一處罕見的城堡式大村鎮，是中國迄今保留最具特色的古民居建築群之一。

—— 2015.10.7

—— 福建省邵武市文體廣電新聞局主辦，2015"張三豐杯海內外詩歌大賽，林明理新詩（邵武戀歌）"獲"優秀獎"，2015.12.15 中文書刊網公告

　　http://www.zwskw.com/modules/news/newshow.php?id=1400

36. 海　影

第一次被你感動
我很難說清
在你燦爛的光痕
我以為世上並無如此美好的真情
是風的呼喚
讓我們因緣際會
想讓你認出了我
就忘了國與國的距離
有什麼差別

當我喜愛這一切——
棕櫚樹和沙灘、詩集
音樂
啊，島嶼一望無際
如何能留住你的身影
月亮啊，請不要再多說
我只信眼前所聞
一次相遇肯定不夠
在灰藍、灰藍的星群上
明天，請為我們打開希望之門

—— 刊 臺灣《人間福報》副刊，2013.11.18

Reflejo del océano
por Lin Mingli

La primera vez que me conmoví por ti
no fui capaz de responder con claridad.
Eras luz, magnífica;
La cosa más bella en el mundo,
el llamado del viento
para reconocerte en su oportunidad
y olvidar las diferencias
entre naciones

Amo a todos esos—
las palmeras y la playa
libros de poesía y música
Oh, ¿cómo puede la gran isla
Mantener su figura?
Oh luna, no digas más
Confío en lo que veo
y un sólo encuentro no es bastante.
Por encima de las estrellas de azul-gris,
ábrenos mañana la puerta de la esperanza

Traducido ： del inglés por Ernesto Kahan

OCEAN REFLECTION

by Lin Mingli

The first time I was moved by you
I was not able to say it clearly
In your magnificent light
I thought there was no such beautiful thing in the world
It was the calling of the wind
that led me to recognize you at the opportune moment
and to forget the differences
between nations

And I love all of these—
the palm trees and the beach
books of poetry and music
O, how can the vast island
hold your figure
O moon, please say no more
I only trust what I see
One encounter is evidently not enough
Above the blue-gray stars
tomorrow, please open for us the door of hope

Translated： *by W. Marr* 非馬博士英譯

37. 老師，請不要忘記我的名

分別三十年
我無法忘記你
那已經變得蒼老的身軀
不要難過，老師
請不要忘記校園和莿桐樹
不要忘記您對我們的期許
您教我曾經同聲唸過的詞語
都變成了詩歌
在今天相見的時刻
您依然是一棵樹
而我是萌生的葉子
加路蘭空中
還迴盪著我們的歡聲笑語
我說：老師
請不要忘記我的名
我的詩像大海的濤聲
當您記起時
我在樹葉上寫師
您的雨露之恩
讓我得到榮譽和幸福

－2016.1.5

註.今 天終於與莿桐國小的高慶堂老師見面了，原來老師也搬到台東同女兒同住；但高齡八十五的老師已有健忘 症候群。我請老師到福井日本料 理吃飯，然後一起去看海。老師 靜坐輪椅上……在 岸邊的亭下，我們愉快地拍了照。老師看到了永不停息的浪花、綠島的輪廓，諦聽著海濤聲，神情動容。

―― 刊臺灣（臺灣時報）2016.2.27，臺灣文學版及攝影合照

三、詩人評論家林明理博士作品目錄表〈2007-2016.02〉

中國學術期刊

1.南京《南京師範大學文學院學報》，2009 年 12 月 30 日出版，總第 56 期，詩評〈簡潔單純的真實抒寫 —— 淺釋非馬的詩〉，頁 24-30。

2.《安徽師範大學學報》人文社會科學版，第 38 卷第 2 期，總第 169 期，2010 年 3 月，詩評〈最輕盈的飛翔 —— 淺釋鍾鼎文的詩〉，頁 168-170。

3.江蘇省《鹽城師範學院學報》人文社會科學版，第 31 卷，總第 127 期，2011.01 期，書評〈簡論吳開晉詩歌的藝術思維〉，頁 65-68。

3-1.《鹽城師範學院學報》，第 32 卷，總第 138 期，2012 年第 6 期，詩評〈一泓幽隱的飛瀑 —— 淺釋魯迅詩歌的意象藝術〉，頁 44-48。

4.福建省《莆田學院學報》，第 17 卷，第 6 期，總第 71 期，2010.12，書評〈評黃淑貞《以石傳情 —— 談廟宇石雕意象及其美感》〉，頁〈封三〉。

4-1.《莆田學院學報》，第 19 卷第 1 期，總第 78 期，2012 年 1 月，書評〈禪悅中的慈悲 —— 談星雲大師《合掌人生》，封底頁〈封三〉。

5.湖北省武漢市華中師範大學文學院主辦《世界文學評論》/《外國文學研究》〈AHCI 期刊〉榮譽出品，2011 年 05 月，第一輯〈總第 11 輯〉，頁 76-78。詩評〈真樸的睿智 —— 狄金森詩歌研究述評〉。

5-1.湖北省武漢市《世界文學評論》，第 15 輯，2013 年 05 月第 1 版，詩評〈論費特詩歌的藝術美〉，頁 42-46。

5-2.湖北省武漢市《世界文學評論》，2016 年 05 月第 1 版，詩評〈論丘特切夫詩歌的藝術美〉。

6.山東省《青島大學學院學報》，第 28 卷，第 2 期，2011 年 6 月，詩評〈一棵冰雪壓不垮的白樺樹 —— 淺釋北島的詩〉，頁 122-124。

7.廣西大學文學院主辦《閱讀與寫作》，總第 322 期，2009.07，書評〈尋找意象與內涵 —— 辛牧在台灣詩壇的意義〉，頁 5-6。

7-1.《閱讀與寫作》，總第 328 期，2010.01，詩評〈讀非馬詩三首〉，頁 8-9。

7-2.《閱讀與寫作》，總第 346 期，2011.07，詩評〈表現生活美學的藝術 —— 台灣「鐵道詩人」錦連的創作〉，頁 31-32。

8.西南大學中國新詩研究所主辦《中外詩歌研究》，2009 年第 2 期，詩評〈「照夜白」的象徵 —— 非馬〉，頁 11-13。

8-1.《中外詩歌研究》，2010 年第 3 期，詩評〈辛牧的詩化人生〉，頁 21-22。

8-2.《中外詩歌研究》，2011 年第 3 期，書評〈書畫中捕捉純真 —— 讀楊濤詩選《心窗》〉，頁 18-19。

8-3.《中外詩歌研究》，2012 年第 01 期，詩評〈一棵挺立的孤松 —— 淺釋艾青的詩〉，頁 17-24。

9.江蘇省社會科學院主辦《世界華文文學論壇》，2009 年第 4 期，總第 69 期，詩評〈商禽心理意象的詩化 —— 淺釋《逃亡的天空》〉，頁 60-61。

9-1.《世界華文文學論壇》，2010 年第 3 期，總第 72 期，書評〈鞏華詩藝美學的沉思〉，頁 45-46。

9-2.《世界華文文學論壇》，2011 年第 2 期，總第 75 期，詩評〈鄭愁予詩中的自然意象與美學思維〉，頁 49-51。

9-3.《世界華文文學論壇》，2012 年第 4 期，總第 81 期，詩評〈夢與真實的雙向開掘 —— 淺釋蘇紹連的詩〉，頁 18-20。

9-4.《世界華文文學論壇》，2013 年第 2 期，總第 83 期，詩評〈一泓深碧的湖水 —— 讀彭邦楨的詩〉，頁 18-20。

10.上海市魯迅紀念館編《上海魯迅研究》，2011 夏，上海社會科學院出版社，書評〈概觀魯迅翻譯文學研究〉有感〉，頁 244-250。

10-1《上海魯迅研究》，2013 春，上海社會科學院出版社，書評〈評吳鈞的《魯迅詩歌翻譯傳播研究》〉，頁 199-201。

11.河南省《商丘師範學院學報》，第 28 卷，2012 年第 1 期，總第 205 期，書評〈論丁旭輝的《台灣現代詩中的老莊身影與道家美學實踐》，頁 22-23。

11-1.河南省《商丘師範學院學報》，2013 年第 1 期，詩評〈論周夢蝶詩中的道家美學 —— 以《逍遙遊》、《六月》為例〉，頁 24-27。

11-2.河南省《商丘師範學院學報》，2016 年第 2 期，詩評〈洛夫詩中的禪道精神〉。

12.寧夏省《寧夏師範學院學報》，2012.第 02 期，第 33 卷，總第 160 期，詩評〈愛倫·坡的詩化人生〉，頁 27-30。

13.全國中文核心期刊山東省優秀期刊《時代文學》，2009 年第 2 期，總第 149 期，書封面刊登「特別推薦林明理」，刊新詩共 19 首〈小鴨〉〈秋收的黃昏〉〈煙雲〉〈獨白〉〈瓶中信〉〈牧羊女的晚禱〉〈山間小路〉〈冬盡之後〉〈我願是一片樹海〉〈夏荷〉〈愛是一種光亮〉〈無言的讚美〉〈笛在深山中〉〈寒風吹起〉〈畫中花〉〈萊斯河向晚〉〈在初冬湖濱〉〈老樹〉〈青煙〉，頁 63-65。

13-1.《時代文學》，2009 年第 6 期，總第 157 期封面特別推介作者名字，散文 1 篇〈山城之旅〉及作品小輯，詩評非馬、辛牧、商禽、大荒共 4 文〉，頁 23-31。

13-2.《時代文學》，2009 年第 12 期，總第 169 期，封面特別推介作者名字於「理論、評論版」，詩評〈讀辛鬱〈豹〉〈鷗和日出〉〈風〉〉、〈讀牛漢〈落雪的夜〉〈海上蝴蝶〉〉、〈商禽心理意象與詩化〉共 3 文，頁 33-38。

14.內蒙古《集寧師範學院學報》，2013 年第 2 期，第 35 卷，總第 121 期，頁 1-5。書評〈讀盧惠餘《聞一多詩歌藝術研究》〉。

14-1.內蒙古《集寧師範學院學報》，2014 年第 3 期，第 36 卷，總第 126 期，頁 7-10。評論〈陳義海詩歌的思想藝術成就〉。及刊於封二新詩一首〈葛根塔拉草原之戀〉。

14-2.內蒙古《集寧師範學院學報》，2015 年第 3 期，第 37 卷，總第 130 期，頁 27-30。評論〈席慕容的詩歌藝術〉。

中國詩文刊物暨報紙

1.北京中國人民大學主辦《當代文萃》，2010.04，發表詩 2 首〈雲淡了，風清了〉〈縱然剎那〉。

2.山東省作家協會主辦《新世紀文學選刊》月刊，2009 年 08 期，刊作者封面水彩畫及詩評二章〈張默詩三首的淺釋〉〈周夢蝶的詩《垂釣者》與藝術直覺〉，頁 58-61。

2-1.山東《新世紀文學選刊》月刊，2009 年 11 期，刊封面畫及新詩 2 首〈崖邊的流雲〉〈從海邊回來〉，頁 24-25。

2-2.山東《新世紀文學選刊》月刊，2009 增刊，刊封面畫及新詩 1 首〈星河〉，頁 123。

2-3.山東《新世紀文學選刊》月刊，2010 年 01 期刊封面畫及詩評 2 篇〈讀丁文智的《鎖定》、《芒》、《自主》〉，〈讀管管詩〉，頁 56-59。

2-4.山東《新世紀文學選刊》月刊，2010 年 03 期刊封面畫及林明理詩選 9 首〈懷舊〉〈凝〉〈穿越〉〈四月的夜風〉〈原鄉-詠六堆〉〈每當黃昏飄進窗口〉〈樹林入口〉〈北埔夜歌〉〈曾經〉，頁 17-18。

2-5.山東《新世紀文學選刊》月刊，2011 增刊，刊林明理詩作〈黃昏是繆斯沉默的眼神…〉〈回憶〉〈藍色的眼淚〉〈在黑暗的平野上〉〈懷鄉〉〈紗帽山秋林〉〈密林〉〈在我深深的足跡上〉，頁 131-132。

2-6.山東省《新世紀文學選刊》自 2009.01 至 2010.03 該刊物封面畫刊登林明理水彩畫作彩色版共 15 幅。詳見
http://mall.cnki.net/magazine/magalist/XSHS.htm

3.河北省作家協會主辦《詩選刊》，2008 年 9 月，總第 287 期，刊作者簡介照片及新詩 4 首，〈夜思〉〈草露〉〈秋復〉〈十月秋雨〉，頁 24。

3-1.《詩選刊》，2009 年 7 月，總第 307 期，刊作者簡介照片及書評綠蒂《春天記事》，頁 94-96。

3-2.《詩選刊》，2010 年 04 月，總第 324 期，刊詩 2 首〈夏荷〉〈小雨〉。

4.新疆省石河子文聯主辦、優秀社科期刊《綠風》詩刊，2009 年第 3 期刊作者簡介照片及新詩 7 首〈夜思〉〈江岸暮色〉〈山茶〉〈老紫藤〉〈遲來的春天〉〈春風，流在百草上〉〈想念的季節〉，頁 102-104。

4-1.《綠風》詩刊，2010 年第 3 期，刊新詩〈四月的夜風〉〈二00 九年冬天〉〈光點〉，頁 41-42。

5.遼寧省作協主辦《詩潮》一級期刊，2009 年 12 月，總第 162 期，刊詩 2 首〈星河〉〈四月的夜風〉，頁 76。

5-1.《詩潮》一級期刊，2010 年 2 月，總第 164 期刊詩 2 首〈崖邊的流雲〉〈青藤花〉，頁 64。

5-2.《詩潮》一級期刊，2011 年 05 月，總第 179 期，刊目錄前作家來訪臺文化交流合照〈做者於後排左三〉。

6.香港詩歌協會《圓桌詩刊》，第 26 期，2009 年 9 月，發表詩評 1 篇〈清逸中的靜謐─讀余光中《星之葬》、《風鈴》〉，頁 94-98，新詩 2 首〈春已歸去〉〈流螢〉頁 27。

6-1.《圓桌詩刊》，第 33 期，2011 年 9 月，刊詩評 1 篇「楊澤的詩〈人生不值得活的〉」頁 64-66，作者簡介及新詩 2 首〈早霧〉〈十月煙海〉頁 26-27。

6-2.《圓桌詩刊》，第 38 期，2012 年 12 月，詩評 1 篇〈詩人秀

實肖像〉頁 62-63，及作者簡介。

7. 香港《香港文學》月刊，總第 303 期，2010 年 3 月，刊登簡介、9 首新詩〈凝〉〈淵泉〉〈所謂永恆〉〈懷舊〉〈流螢〉〈貓尾花〉〈秋暮〉〈月森林〉〈在那星星上〉及圖畫 1 幅，頁 76。

8. 安徽省文聯主辦《安徽文學》，2010.02，發表新詩 2 首〈雲淡了，風清了〉〈縱。然剎那〉，頁 116。

9. 天津市作家協會、天津日報報業集團主辦《天津文學》，總第 471 期，2010 年 01 期，新詩 6 首〈星河〉〈颱風夜〉〈風雨之後〉〈夜祭〉〈七月〉〈海上的中秋〉，頁 95。

9-1.《天津文學》，總第 483 期，2011 年 01 期，新詩發表 8 首〈在我深深的足跡上〉〈偶然的駐足〉〈畜欄的空洞聲〉〈秋日的港灣〉〈細密的雨聲〉〈林中小徑的黃昏〉〈我不嘆息、注視和嚮往〉〈夏荷〉，頁 92。

10. 北京《文化中國》雜誌社主辦，《老年作家》季刊，主管：中國文化〈集團〉有限公司，2009 年第 4 期書評〈幸福的沉思——讀吳開晉《游心集》〉，頁 30-32，2009 年 12 月。

10-1.《老年作家》2011 年第 1 期，總第 17 期，詩評〈簡論耿建華詩歌的意象藝術〉，頁 35-37，2011 年 3 月。

10-2.《老年作家》2011 年第 2 期，總第 18 期，封面人物刊登林明理個人彩色照片及推薦，封底刊登作者水彩畫。

10-3.《老年作家》2011 年第 3 期，總第 19 期，刊於封面後一頁——詩評〈讀吳開晉《游心集》〉，2011 年 9 月。

11. 北京《文化中國》雜誌社主辦，大連市《網絡作品》，2010 年第 3 期，刊作者簡介照片、書介及新詩 4 首〈正月的融雪〉〈紗帽山秋林〉〈在我深深的足跡上〉〈密林〉，頁 72，2010 年 6 月。

12 湖北省作協主辦《湖北作家》，2009 年秋季號，總第 32 期，
　　頁 24-27，發表書評〈古遠清《台灣當代新詩史》的遺憾〉。

13.中國四川省巫山縣委宣傳部主辦《巫山》大型雙月刊，總第 7
　　期，2010 年 2 月發表詩 1 首〈夜思〉，頁 55。

13-1.《巫山》大型雙月刊，總第 9 期，2010 年 4 月，刊登彩色水
　　彩畫作 1 幅〈水鄉〉。

14.山東省蘇東坡詩書畫院主辦《超然詩書畫》，2009.12 總第 1
　　期，刊作者簡介照片及新詩 3 首〈金池塘〉〈雨夜〉〈燈下
　　憶師〉、水彩畫 6 幅彩色版，頁 34-35。

14-1.山東《超然詩書畫》，2010.12，總第 2 期，刊水彩畫 2 幅彩
　　色版，頁 13。

14-2.山東《超然詩書畫》，2011.12，總第 3 期，刊作者簡介照片、
　　水彩畫彩色 2 幅及評論〈淺釋林莽的詩〈一條大江在無聲地
　　流〉1 篇，頁 131-132。

14-3.山東《超然詩書畫》，2012 年總第 4 期，刊作者簡介照片、
　　彩色水彩畫 4 幅及評論〈由歐風到鄉愁 —— 賀慕群繪畫中現
　　代美初探〉1 篇，頁 177-179。

14-1.山東《超然》詩刊，總第 12 期 2009.12 詩 6 首畫 1 幅、13
　　期 2010.06 詩 4 首、15 期 2011.06 詩 2 首、17 期 2012.06 詩 2
　　首詩評莫云一篇。2013.07 第 19 期刊登書畫評論〈畫牛大家
　　—— 讀魯光《近墨者黑》〉、〈別具一格的大師 —— 試析沈鵬
　　的詩〉、〈書藝不懈的追求者 —— 夏順蔭〉三篇及作者得文藝
　　獎章訊息。2013.12 總第 20 期刊登書評〈讀唐德亮的詩〉。

14-2.山東省《春芽兒童文學》，2013.06 創刊號刊登題詞新詩一
　　首〈春芽〉，頁 11，書封底刊作者彩色水彩畫作一幅。

14-3.山東省春芽兒童文學研究會《春芽兒童文學》，2013.12，第

2 期，書封底刊登作者彩色水彩畫作一幅。

15.中國《黃河詩報》，2009 年 3 期，總第 5 期，發表詩 3 首〈等候黎明〉〈雨夜〉〈瓶中信〉，頁 77。

16.山東省聊城市詩人協會主辦《魯西詩人》，2009 年.5 月，發表新詩 4 首〈草露〉〈大貝湖畔〉〈白色山脈〉〈黃昏雨〉，頁 42-43。

17.福建省文學藝術界聯合會主辦《台港文學選刊》，2008 年 9 月，發表詩 5 首〈雨夜〉〈金池塘〉〈遲來的春〉〈瓶中信〉〈夜櫻〉，2009 發表詩歌。

18.四川省重慶《中國微型詩萃》第二卷，香港天馬出版，2008 年 11 月，及重慶《中國微型詩》共發表詩〈朝露〉〈寒梅〉〈白楊〉〈夜霧〉〈動亂中的玫瑰〉〈三輪車夫〉〈風中的笛手〉〈蓮〉等 25 首詩。

19.北京市朝陽區文化館《芳草地》季刊，2012 年第 2 期，總第 48 期，刊登書評〈簡論《非馬藝術世界》的審美體驗〉，頁 50-57，刊物封面內頁刊登林明理水彩畫 1 幅彩色版〈郊外一景〉。

19-1.北京市朝陽區文化館《芳草地》季刊，2013 年第 2 期，2013.06，總第 52 期，刊登書評《林莽詩歌藝術風格簡論》，頁 105-110。

20.遼寧省作協主辦《中國詩人》，2011 年第 5 卷，刊登〈生命的沉靜與奮發—淺釋白長鴻詩三首〉，頁 109-113。

21.福建福州市文聯主辦《海峽詩人》，第 2 期，2012.09，刊詩 3 首〈樹林入口〉〈回憶的沙漏〉〈懷舊〉，頁 30。

22.中國重慶南岸文聯、國際詩歌翻譯研究中心等主辦《世界詩人》季刊（混語版），總第 64 期，2011 年冬季號，書評〈清淡閑遠

的歌者 ── 讀許其正詩集《山不講話》〉，頁 53，書封面內頁刊
登作者與非馬、許其正合影於第 30 屆世詩大會照片一張。

22-1.《世界詩人》季刊（混語版），2012 年 11 月，總第 68 期，
書評〈簡論米蘭・里赫特《湖底活石》的自然美學思想，中
英譯文刊登，頁 50-53，附作者簡介〈中英譯〉。

23.安徽省文學藝術界聯合會主辦，《詩歌月刊》，總第 136 期，2012
年 03 月，刊登作者簡介照片及詩 4 首〈九份黃昏〉〈九份之
夜〉〈記夢〉〈生命的樹葉〉，頁 38-39。

23-1.安徽省文學藝術界聯合會主辦，《詩歌月刊》，總第 157 期，
2013 年 12 月，刊登新詩 7 首〈寄墾丁〉〈看灰面鵟鷹消逝〉
〈冬日〉〈母親〉〈重生的喜悅〉〈雨，落在愛河的冬夜〉〈夕
陽，驀地沉落了〉，刊作者簡介及彩色照片，頁 50-51。

24.香港《橄欖葉》詩報，2011 年 6 月第 1 期創刊號，刊登新詩 1
首〈在交織與遺落之間〉。2012 年 6 月第 3 期，刊登詩 1 首
〈魯花樹〉。2012 年 12 月第 4 期，刊登新詩 2 首〈行經木棧
道〉〈憶夢〉。2014 年 6 月第 7 期，刊登詩 1 首〈北風散步的
小徑上〉。

25.廣東廣州《信息時報》2012.11.25C3 版刊登彭正雄：《歷代賢
母事略》 書評 1 篇。

26.廣東省《清遠日報》，2012.08.10 閱讀版，刊登散文一篇〈《髻
鬃花》的邂逅〉。

27.重慶市文史研究館《重慶藝苑》，2011 冬季號，刊登詩 2 首〈念
故鄉〉〈夜之聲〉，頁 74-75。

28.廣東省《清遠日報》，2012.07.02，刊登書評〈我心中永恆的勇
者塑像─讀《古遠清這個人》〉。2012.8.10 刊〈《髻鬃花》的
邂逅〉。

29.湖北省武漢市第一大報《長江日報》，2009 年 11 月 20 日，刊
　　新詩 1 首〈原鄉 —— 咏六堆〉。

30.河北省《新詩大觀》，總第 54 期，2009.02 刊詩 3 首〈春天〉〈黃
　　昏雨〉〈大貝湖畔〉。

30-1.河北省《新詩大觀》，第 55 期，2009.04 刊詩 2 首〈霧裡的
　　　沙洲〉〈浪花〉。

30-2.河北省《新詩大觀》，第 56 期，2009.06 刊詩 6 首及作者簡
　　　介〈望鄉〉〈在秋山的頂上守候〉〈影子灑落愛丁堡上〉〈長巷〉
　　　〈塵緣〉〈送別〉。

31.安徽省《大別山詩刊》，主管單位：六安市委宣傳部，2012 年
　　總第 23 期，頁 72-73，刊登得「榮譽獎」新詩 1 首〈歌飛霍
　　山茶鄉〉，收錄「霍山黃芽」杯全國原創詩歌大賽專刊，頁
　　72-73。

32.遼寧省盤錦市詩詞學會《盤錦詩詞》季刊，2009 年伍・陸期，
　　刊新詩 2 首〈想念的季節〉〈山茶〉，頁 96。2010 年伍・陸
　　期，刊新詩 2 首〈細密的雨聲〉〈長虹橋畔〉頁 89。2011
　　年壹・貳期，刊詩 1 首〈憂鬱〉頁 93。

33.黃中模等著，《兩岸詩星共月圓》，主辦：重慶師範大學，中
　　國文聯出版社出版，

　　收錄林明理詩評 2 篇〈綠蒂《春天記事》的素描〉頁 118-125，
　　　〈評雪飛《歷史進行曲》〉頁 256-264。

34.遼寧省《凌雲詩刊》，總第 9 期，2010 年第 3 期，新詩 3 首〈回
　　到從前〉〈靜谷之憶〉〈三月的微風〉，頁 43。

35. 遼寧瑞州文學藝術學會主辦《瑞州文學》，2012.11 創刊號，
　　　刊登詩 2 首〈回到從前〉〈靜谷之憶〉及作者簡介，頁 79。

36.中國澳門《華文百花》，2013.01 期總第 18 期，2013.08 刊詩 4

首。

37.廣東省《西江日報》，2013.7.3，刊詩評 1 篇〈情繫瑤山的生命樂章—讀唐德亮的詩〉。

38.古遠清編著，《謝冕評說三十年》，海天出版社，2014.01 第一版，頁 279，收錄詩作一首〈北國的白樺 —— 致謝冕教授〉。

39.老岱主編，《北都文藝》，2013 年第 2 期《海內外漢詩專號》，刊登詩作 4 首。

40.蔡麗雙主編，《赤子情》，中國文聯出版社，2012.11 初版，收錄詩一首〈海祭 —— 福爾摩莎〉，頁 307。

41.質貞編，《古遠清這個人》，香港文學報社出版，2011 年 8 月，頁 372-373，收錄作者簡介照片及評論〈我心中永恆的勇者塑像〉。

42.《羊城晚報》，2009.10.15 刊新詩 1 首〈星河〉，B4 版。

42-1.《羊城晚報》，2015.11.10 刊散文〈在天涯之外〉。

42-2.《羊城晚報》，2016.1.12 刊散文〈加路蘭之晨〉，B3 版。

43.池州市杏花村中學〈杏花苑〉，第 15 期 2013.03，刊 2 新詩〈山寺前一隅〉〈墨菊〉。

44.《珞珈詩苑》〈十〉，武漢大學主辦，武漢大學珞珈詩社協辦，2012.12，頁 171-173，刊古詩 4 首〈暮春〉〈默喚〉〈湖山高秋〉〈秋盡〉及新詩 1 首〈沒有第二個拾荒乞討婦〉。

45.由中國文藝協會與江蘇省淮安市淮陰區人民政府主辦的第六屆「漂母杯」海峽兩岸母愛主題散文作品大賽於 2014.7 於淮安市頒獎，〈母親與我〉獲散文三等獎，新詩〈母親〉獲二等獎。

46.遼寧省《燕山文學》，2014 年總第 2 期，頁 32，刊書評〈夜讀斯聲的詩〉。

47. "湘家蕩之戀" 國際散文詩徵文獲榮譽獎，散文詩作品：〈寫給相湖的歌〉，嘉興市湘家蕩區域開發建設管理委員會、中外散文詩學會舉辦，2014.9.28 頒獎於湘家蕩。

48. 四川省散文詩學會主辦《散文詩世界》，2014 年第 9 期，總第 113 期，刊得榮譽獎詩作〈寫給相湖的歌〉，頁 10。

49. 吳開晉著，〈吳開晉詩文選〉〈上〉，北京，團結出版，2013.10 出版，收錄林明理詩評〈簡論吳開晉詩歌的藝術思維〉及〈幸福的沉思－讀吳開晉《游心集》〉。

50. 譚五昌教授主編，《國際漢語詩歌》，2013.11，北京，線裝書局出版，收錄林明理的新詩三首〈海頌〉〈北國的白樺-致北京大學謝冕教授〉〈歌飛阿里山森林〉及獲當選「國際漢語詩歌協會理事」〈2013-2016〉。

51. 安徽省馬鞍市《大江詩壇 2014 中國詩選》收錄書評 1 篇〈從孤獨中開掘出詩藝之花－淺釋《艾蜜莉・狄金生詩選》〉，中國電影出版社，2014.10，頁 91-94。

52. 山西當代中國新詩研究所編，王立世主編《當代著名漢語詩人詩書畫檔案》，北京，中國文聯出版社，2015.01 出版，頁 208-209.收錄林明理新詩三首〈想念的季節〉〈在每個山水之間〉〈九份黃昏〉及水彩畫兩幅、作者簡介、個人照片。

53. 湖南文學藝術界聯合會主辦《創作與評論》，總第 207 期，2015 年 2 月號下半月，林明理著、王覓採訪整理，〈新詩是大陸與臺灣的彩虹橋〉。

54. 獲當選中國第 15 屆「全國散文詩筆會」台灣代表，甘肅舉辦「吉祥甘南」全國散文詩大賽，散文詩《甘南，深情地呼喚我》，獲「提名獎」，2015.7.26 頒獎於甘南，詩作刊於《散文詩・校園文學》甘南采風專號 2015.12（總第 422 期）。

55.2015.08 中國‧星星「月河月老」杯（兩岸三地）愛情散文詩
　　大賽獲優秀獎，詩作〈月河行〉收錄於《星星‧散文詩》2015
　　年 8 期。

56.安徽省《江南文學》雙月刊，2015.02 期，總第 169 期，刊詩
　　評〈評陳明詩三首〉，頁 74-75。

57.安徽省《半枝梅文學》，2015.05 出版，總第 61 期，刊詩評〈意
　　趣與哲思 —— 評陳明詩三首〉，頁 47-48。

58.河南省中共鄭州市宣傳部主辦"待月嵩山 2015 中秋詩會徵稿
　　大賽"獲三等獎於 2015.9，獎金一千人民幣及獎狀。新詩作
　　品〈嵩山之夢〉。

59.北京，2015 年全國詩書畫家創作年會，林明理新詩（夢見中國）
　　獲「二等獎」，頒獎典禮在 2015.12.26 人民大會堂賓館舉行。

60.福建省邵武市，2015.12.15 公告，文體廣電新聞出版局主辦，
　　邵武"張三豐杯海內外詩歌大賽"，林明理新詩〈邵武戀歌〉
　　獲「優秀獎」。

61.中國（羊城晚報）副刊（花地）版，2016.1.19. 刊〈冬日鸞山
　　之美〉散文

臺灣「國家圖書館」期刊

1.《國家圖書館館訊》特載，2009 年 11 月，發表書評 1 篇〈讀王
　　璞〈作家錄影傳記十年剪影〉新書有感〉，頁 7-9。

2.《全國新書資訊月刊》2010 年 3 月起至 2013 年 7 月，共發表詩
　　評及書評共 26 篇。資料存藏於國家圖書館「期刊文獻資訊網」。
　　http://readopac1.ncl.edu.tw/nclserialFront/search/search_result.j
　　sp?la=ch&relate=XXX&dtdId=000040&search_index=all&search_v

alue=%E6%9E%97%E6%98%8E%E7%90%86%24&search_mode=

　　第 135 期書評讀丁文智〈花也不全然開在春季〉，第 136 期
詩評〈楊允達其人及其作品〉，138 期書評〈讀《廣域圖書館》
── 兼述顧敏與圖書館管理的理論與實務〉，140 期詩評〈高曠
清逸的詩境 ── 張默〉，142 期書評〈陳滿銘與《意象學廣論》
研究述評〉，143 期書評〈試賞魯蛟的詩集《舞蹈》，144 期詩評
〈商禽詩的意象表現〉，146 期詩評〈談周夢蝶詩與審美昇華〉，
147 期詩評〈鄭愁予 ── 站在中西藝術匯合處的詩人〉，148 期
詩評〈旅美詩人非馬及其作品〉，149 期書評〈淺釋隱地《風雲
舞山》詩五首〉，150 期詩評〈淺釋鍾鼎文的詩〈雪蓮謠〉、〈三
峽〉〉，151 期書評〈讀《高準游踪散紀》〉，152 期〈走過歲月
── 臺灣文史哲出版社掠影〉，153 期詩評〈簡政珍詩歌藝術之
管見〉，155 期詩評〈簡論郭楓和他的詩歌價值〉，156 期書評〈品
蔡登山《讀人閱史》〉，158 期〈文津出版社邱鎮京教授掠影〉，
159 期書評〈讀麥穗詩集《歌我泰雅》〉，160 期詩評〈楊牧詩歌
的風格特質〉，161 期詩評〈王潤華和他的新詩創作研究〉，162
期書評《淺釋胡爾泰的詩》，164 期詩評〈淺釋歐德嘉詩作三首〉，
165 期詩評〈淺析林亨泰的詩歌藝術〉，171 期書評〈淺釋綠蒂《冬
雪冰清》詩三首〉。175 期詩評〈簡論許達然詩的通感〉。

臺灣學刊物

1.佛光大學文學院中國歷史學會《史學集刊》，第 42 集，2010
　年 10 月，發表書評〈概觀吳鈞《魯迅翻譯文學研究》有感〉，
　頁 231-240。
2.佛光大學文學院中國歷史學會《史學集刊》，第 43 集，2011

年 12 月，發表書評〈評蔡輝振的《魯迅小說研究》，頁
181-189。

3.真理大學臺灣文學資料館發行《臺灣文學評論》，2011 年 10 月，
第 11 卷第 4 期，刊作者照及書評〈莫渝及其台語詩〉，頁
73-77。

3-1.《臺灣文學評論》，2012 年第 12 卷第 1 期，刊作者照及書評
〈讀張德本《累世之靶》〉、〈讀李若鶯詩集《寫生》〉共 2 篇，
頁 56-63。

3-2.《臺灣文學評論》，2012 年 4 月第 12 卷第 2 期書評刊作者照
及書評〈吳德亮 ── 讀《台灣的茶園與茶館》〉，頁 90-93、
新詩 1 首〈淡水紅毛城〉及作者簡介照片，頁 186-187。

3-3.《臺灣文學評論》，2012 年第 3 期，刊登作者照 3 張、新詩 3
首〈吉貝耍‧孝海祭〉〈森林深處〉〈憶夢〉，林明理畫作 1
幅，頁 184-187。

3-4.《臺灣文學評論》，2012 年第 4 期，2012 年 10 月，刊登評論
〈淺談西川滿的文學思考〉，頁 76-82。

4.真理大學人文學院台灣文學系彙編，第 16 屆台灣文學牛津獎暨
《趙天儀文學學術研討會》論文集，2012 年 11 月 24 日收錄
詩評 1 篇〈趙天儀生態詩思想初步探究〉，頁 258-266。

5. 國立台灣文學館出版，《臺灣現當代作家研究資料彙編 40 集鄭
愁予》，丁旭輝編選，收錄林明理撰文一篇〈鄭愁予：站在中
西藝術匯合處的詩人〉，頁 217-221。

6.成功大學教授陳益源編，《雲林縣青少年臺灣文學讀本》新詩
卷，2016.出版，收錄林明理新詩六首，（九份黃昏）（行經
木棧道）（淡水紅毛城）（雨，落在愛河的冬夜）（生命的樹葉）
（越過這個秋季）。

臺灣詩文刊物報紙暨作品收錄

1. 《創世紀》詩雜誌，160 期，2009.09 刊詩評〈讀須文蔚《橄仔樹》有感〉、〈周夢蝶的詩〈垂釣者〉的藝術直覺〉、〈解析大荒兩首詩〉、〈神木的塑像 —— 魯蛟〉、〈「照夜白」的象徵--非馬〉〉、〈辛牧在台灣詩壇的意義〉6 篇，161 期 2009.12 詩評 3 篇〈當代三家詩賞析 —— 洛夫、愚溪、方明〉。162 期 2010.03 刊詩〈流星雨〉，163 期 2010.06 刊詩〈靜寂的黃昏〉及詩評〈淺釋楊允達的詩〈時間四題〉〉，164 期 2010.09 詩〈回憶的沙漏〉〈岸畔之樹〉及藝評〈解讀丁雄泉創作和美學的面向。165 期 2010.12 刊詩〈一切都在理性的掌握中〉〈綠淵潭〉及詩評〈商禽詩的哲學沉思〉。166 期 2011.03 刊詩〈海祭〉〈山楂樹〉及藝評〈楊柏林詩與雕塑的審美體悟〉。167 期 2011.06 刊詩評〈淺釋碧果的詩三首〉，168 期 2011.09 刊詩〈行經木棧道〉〈牽引〉〈在白色的夏季裡〉及詩評〈淺釋連水淼詩歌的藝術形象〉。169 期 2011.12 刊詩〈記夢〉〈霧起的時候〉及詩評〈讀許水富的詩〉，170 期 2012.03 刊詩〈在每個山水之間〉及詩評〈讀汪啟疆詩筆抒豪情〉。171 期 2012.06 刊詩〈看灰面鵟鷹消逝〉及〈評潘郁琦的詩〉，172 期 2012.09 書評〈讀方秀雲詩集〉。173 期 2012.12 刊詩〈雨，落在愛河的冬季〉及詩評〈淺析紀弦詩五首〉，174 期 2013.03 詩評〈讀朵思的詩〉。

2. 《文訊雜誌》，第 291 期，2010 年 1 月，詩評鍾鼎文，頁 24-26。

2-1. 《文訊雜誌》，第 293 期，2010 年 3 月，詩評張默，頁 22-24。

2-2. 《文訊雜誌》，第 297 期，2010 年 7 月，詩評愚溪，頁 18-19。

2-3.《文訊雜誌》，第 302 期，2010 年 12 月，書評張騰蛟《筆花》，頁 118-119。

2-4.《文訊雜誌》，第 311 期，2011 年 09 月，書評雨弦《生命的窗口》，頁 128-129。

2-5.《文訊雜誌》，第 316 期，2012 年 02 月，書評莫渝《走入春雨》，頁 122-123。

2-6.《文訊雜誌》，第 330 期，2013 年 04 月，書評尹玲《故事故事》，頁 138-139。

3.《笠》詩刊，2008 起，自第 263 期至 309 期 2015.10 止，共發表詩 52 首、散文 3 篇及詩評 26 篇。

3-1.《笠》詩刊，263 期 2008.02 刊新詩〈丁香花開〉〈雨夜〉、264 期 2008.04 刊詩〈塵緣〉〈螢光與飛蟲〉、265 期 2008.06 刊詩〈金池塘〉〈遲來的春天〉、266 期 2008.08 刊詩〈山問〉、268 期 2008.12 刊詩〈夜櫻〉〈寒松〉、269 期 2009.02 刊詩〈長巷〉〈冬盡之後〉、270 期 2009.04 詩〈北極星〉〈愛是一種光亮〉〈往事〉、271 期 2009.06 詩〈夏荷〉〈小雨〉及詩評〈小論陳坤崙〉、272 期 2009.08 詩〈雲豹〉〈渡口〉〈夜，溜過原野〉及詩評〈讀莫渝的詩〉、273 期 2009.10 詩〈颱風夜〉〈風雨之後〉〈夜祭〉〈今夜，我走入一星燈火〉及詩評〈讀陳千武詩 4 首〉274 期 2009.12 詩〈傳說〉〈春草〉〈崖邊的流雲〉及書評〈曾貴海詩集《湖濱沉思》〉。

3-2.《笠》詩刊，277 期 2010.06 刊詩〈傾聽大海〉〈原鄉—咏六堆〉及詩評〈不凋的漂木-薛柏谷的詩賞析〉、278 期 2010.08 散文〈愛情的巡禮〉及詩〈木框上的盆花〉、279 期 2010.10 詩〈聲音在瓦礫裡化為泣血〉、280 期 2010.12 詩〈行經河深處〉〈紗帽山秋林〉及詩評江自得、281 期 2011.02 詩〈在交

織與遺落之間〉〈岸畔〉、282 期 2011.04 詩評〈淺析鄭烱明《三重奏》詩三首〉、283 期 2011.06 詩〈在雕刻室裡〉、284 期 2011.08 詩評〈略論莫渝的詩風〉、286 期書評〈黃騰輝詩集《冬日歲月》賞析〉、287 期 2012.02 散文〈神遊薩摩亞藍湖〉及詩〈夜宿南灣〉、288 期 2012.04 詩〈如果你立在冬雪裡〉及詩評〈試析林豐明詩歌的意象力〉、289 期 2012.06 詩〈念故鄉〉〈思念的雨後〉及詩評岩上、290 期 2012.08 詩〈追悼 —— 陳千武前輩〉、291 期 2012.10 詩評〈評陳坤崙的詩〉、293 期 2013.02 書評〈讀非馬詩集《蚱蜢世界》〉、294 期 2013.04 詩〈一個雨幕的清晨〉〈墨菊〉〈春芽〉及詩評〈讀吳俊賢的詩〉、295 期 2013.06 詩〈知本之夜〉〈回鄉〉及詩評〈讀李昌憲的詩〉、296 期 2013.08 詩〈暮來的小溪〉〈我原鄉的欖仁樹〉及詩評〈讀林盛彬的詩〉、297 期詩〈釣魚台的天空〉及詩評〈讀王白淵的詩〉、298 期 2013.12 詩〈你繫著落日的漁光〉及書評〈讀莫渝《光之穹頂》〉。

3-3.《笠》詩刊，299 期 2014.02 刊詩〈東隆宮街景〉、300 期 2014.04 刊詩評〈夜讀劉克襄詩數首〉，頁 165-170。301 期 2014.06 刊詩評〈讀李魁賢的詩〉及新詩 2 首〈憶友 —— Emesto Kahan〉〈富岡海堤小吟〉。302 期 2014.08 刊詩評〈讀羅浪的詩〉，頁 146-150。304 期 2014.12 刊詩評〈清純與哲思的交匯—讀陳明克的詩〉。

3-4.《笠》詩刊，305 期 2015.02 刊〈堅守與理想 —— 讀葉迪的詩〉、第 306 期，2015.04，刊書評〈森林詩家 —— 吳俊賢〉，頁 120-123。第 307 期，2015.06，刊詩評〈評旅人詩三首〉。第 309 期，2015.10，刊詩評〈夜讀《比白天更白天》〉。

4.《文學台灣》季刊，第 72 期，2009.10.冬季號，頁 81-82.刊詩 2

首〈莫拉克颱風〉、〈夜祭 ── 紀念小林村夜祭而作〉。

4-1.《文學台灣》季刊，第 73 期，2010.01.春季號，頁 94.刊詩 1
　　 首〈光點〉。

4-2.《文學台灣》季刊，第 73 期，2010.01.春季號，頁 94.刊詩 1
　　 首〈光點〉。

4-3.《文學台灣》季刊，第 74 期，2010.04.夏季號，頁 131.刊詩 1
　　 首〈拂曉之前〉。

4-4.《文學台灣》季刊，第 75 期，2010.07.秋季號，頁 146.刊詩 1
　　 首〈回到從前〉。

4-5.《文學台灣》季刊，第 77 期，2011.01.春季號，頁 177.刊詩 1
　　 首〈遙寄商禽〉。

4-6.《文學台灣》季刊，第 78 期，2011.04.夏季號，頁 75.刊詩 1
　　 首〈在雕刻室裡〉。

4-7.《文學台灣》季刊，第 79 期，2011.07.秋季號，頁 130.刊詩 1
　　 首〈九份黃昏〉。

4-8.《文學台灣》季刊，第 83 期，2012.07.秋季號，頁 55.刊詩 1
　　 首〈吉貝耍・孝海祭〉。

4-9.《文學台灣》季刊，第 85 期，2013.01.春季號，頁 79-80.刊詩
　　 1 首〈給司馬庫斯〉。

4-10.《文學台灣》季刊，第 96 期，2015.10.冬季號，頁 74-75.刊
　　　詩 1 首〈茶山部落之歌〉。

5.《人間福報》，2007 年至 2016 年 1 月止，共刊登新詩 79 首，
　　散文、書畫評論、生命書寫、閱讀版、家庭版、投書等 59
　　篇及刊林明理繪畫作品 51 幅、攝影作品 17 件。

5-1.《人間福報》2007.2.22 刊生命書寫版〈親恩無限〉、2007.3.29
　　 刊〈心轉境則轉〉、2007.4.1 刊〈山中冥想〉、2007.4.5 刊〈難

忘婆媳情〉，2007.4.11 刊水彩畫作於副刊，2007.4.18 畫作於
副刊，2007.5.1 刊〈惜福惜緣〉、2007.5.4 刊〈康乃馨的祝福〉、
2007.5.5 畫作於副刊，2007.5.24 刊〈紅龜粿〉、2007.6.2 刊〈觀
心自照〉、2007.6.15 刊〈黃金樹〉、2007.7.8 刊〈憶亡友〉，
2007.7.13 刊詩〈愛的禮讚〉，2007.7.23〈生命裡的春天〉，
2007.7.26 刊投書版〈夜晚愈熱，倡導生態建築〉、2007.7.27
刊〈水質惡化，政府渾然不察〉、2007.7.28 刊〈生技產業發
展，刻不容緩〉，2007.7.31 刊生命書寫版〈生命故事的寫手〉、
2007.8.4 投書版刊〈公投入聯不利兩岸關係〉，2007.8.17 家庭
版〈善待家人〉、2007.8.31〈爬山之樂〉、2007.9.11 刊家庭版
〈家有妙老爹〉、2007.10.2 刊副刊水彩畫 1 幅，2007.10.10
刊〈緬懷旗津〉、2007.10.18 刊〈另類思考〉、2007.10.30 刊家
庭版〈爸爸的勇氣〉、2007.11.9 刊〈看山吟水〉、2007.11.13
刊家庭版〈人生的考驗〉，2007.12.13 刊詩〈默喚〉。

5-2.《人間福報》2008.2.1 刊詩〈影子灑落愛丁堡上〉，2008.2.20
刊詩〈愛的實現〉、2008.4.10 刊詩〈金池塘〉、2008.4.22 刊詩
〈倒影〉，2008.5.15 刊副刊散文〈聽雨，僧廬〉，2008.5.26
詩〈雲淡，風清了〉，2008.6.6 刊詩〈在秋山的頂上守候〉、
2008.6.18 刊詩〈等候黎明〉、2008.7.10 刊詩〈山茶〉、2008.7.18
刊詩〈獨白〉、2008.7.31 刊詩〈航行者〉、2008.8.7 刊詩〈老
紫藤〉、2008.8.26 刊詩〈水蓮〉、2008.9.11 刊詩〈可仍記得〉、
2008.10.2 刊詩〈山雲〉、2008.10.20 刊詩〈簡靜是美〉、2008.11.3
刊散文〈燭光的躍動〉，2008.11.5 刊詩〈山間小路〉。

5-3.《人間福報》2009.1.16 詩〈北風〉、2009.2.2 詩〈冬望〉、2009.2.6
詩〈無言的讚美〉、2009.4.14 詩〈青藤花〉、2009.5.4 詩〈坐
覺〉、2009.5.11 詩〈夏荷〉、2009.6.15 詩〈愛是一種光亮〉、

2009.7.3 詩〈從海邊回來〉、2009.8.3 詩〈山桐花開時〉、2009.8.13 詩〈老樹〉、2009.8.21 詩〈風雨之後〉、2009.9.4 詩〈在初冬湖濱〉、2009.9.23 詩〈讀月〉、2009.10.5 詩〈海上的中秋〉、2009.10.22 詩〈聽雨〉、2009.10.26〈漁隱〉、2009.11.11 詩〈珍珠的水田〉，2009.11.15 刊生命書寫版〈平安就是福〉、2009.12.6 刊家庭版〈糖蛋的秘密〉，2009.12.18 刊詩〈在瀟瀟的雪夜〉。

5-4. 《人間福報》2010.1.8 詩〈初冬一個訪客〉、2010.2.26 詩〈歲晚〉、2010.3.10 刊水彩畫作及詩〈墨竹〉、2010.3.31 刊彩畫作及詩〈想念的季節〉、2010.4.19 刊彩畫及詩〈四月的夜風〉、2010.5.2 刊生命書寫版〈難忘的畫面〉，2010.5.20 刊彩畫作及詩〈春已歸去〉、2010.7.7 刊彩畫作及詩〈流螢〉，2010.7.23 副刊散文〈在我深深的足跡上〉，2010.9.21 刊彩色水彩畫作及詩〈光之湖〉、2010.11.15 刊彩色水彩畫作及詩〈月光〉。

5-5. 《人間福報》2011.1.14 刊彩色水彩畫及詩〈靜海〉，2011.3.7 刊詩〈兩岸青山連天碧-陪海基會走過二十年感時〉，2011.3.8 散文〈古道尋幽〉、2011.4.11 刊水彩畫作及詩〈禪月〉、2011.5.23 副刊刊畫評〈高好禮的書畫藝術〉、2011.5.30 刊水彩畫及詩〈靜寂的黃昏〉、2011.7.12 刊彩色水彩畫作及詩〈春日的玉山〉、2011.9.12 刊水彩畫作及詩〈中秋懷想〉、2011.10.4 刊水彩畫作及詩〈山韻〉、2011.10.25 刊水彩畫作及詩〈夜之聲〉、2011.12.12 刊水彩畫及詩〈靜湖〉。

5-6. 《人間福報》2012.1.31 刊副刊散文〈越野單車散紀〉，2012.5.22 副刊刊作者彩畫一幅，2012.6.5 刊水彩畫作及詩〈夕陽，驀地沉落了〉，2012.6.18 副刊刊作者照及散文〈卑南樂山的心影〉，2012.7.22 閱讀版刊書評〈讀《生活有書香》，2012.9.4

副刊刊詩〈永懷鍾鼎文老師〉及作者與鍾鼎文合照〉、2012.10.1
刊水彩畫作及詩〈沒有第二個拾荒乞討婦〉、2012.10.15 刊畫
作及詩〈挺進吧，海上的男兒〉，2012.11.12 刊水彩畫作及詩
〈給司馬庫斯〉、2012.12.3 刊攝影作 1 件及詩〈旗山老街的
黃昏〉。

5-7.《人間福報》副刊 2013.1.1 刊水彩畫作及散文〈學佛之路〉，
2013.1.7 刊水彩畫及詩〈冬憶-泰雅族祖靈祭〉，2012.7.23-7.24
刊副刊散文〈山裡的慈光〉〈上、下〉及作者照、水彩畫作，
2013.1.29 副刊書評〈夜讀沈鵬詩〉及沈鵬、魯光贈書畫圖 2
張。2013.2.19 副刊刊水彩畫作及散文《髻鬃花》的邂逅〉，
2013.3.26 刊水彩畫及詩〈冬之雪〉，2013.4.30 刊水彩畫作及
詩〈魯凱族黑米祭〉，2013.5.28 刊水彩畫作及詩〈母親〉，
2013.6.16 閱讀版刊書評〈夜讀《成就的秘訣：金剛經》，
2013.7.2 刊水彩畫作及詩〈月桃記憶〉，2013.7.8 副刊刊詩〈重
生的喜悅〉，2013.8.12 刊詩〈曲冰橋上的吶喊〉，2013.9.16
副刊詩〈坐在秋陽下〉，2013.9.23 副刊詩評〈扎根於泥土的
臺灣詩人：林煥彰〉。2013.11.18 刊詩〈海影〉。

5-8.《人間福報》副刊 2014.1.7 書評〈夜讀張騰蛟《書註》〉，2014.2.18
刊詩〈墾丁冬思〉，2014.5.13 副刊散文〈鞏伯伯的菜園子〉
及水彩畫作。2014.6.5 副刊散文〈山居散記〉及水彩畫作。
2014.6.30 副刊散文〈在匆匆一瞥間〉及水彩畫作。2014.7.16
刊投書版〈受國際尊重要團結一致〉。2014.7.25 副刊散文〈初
鹿牧場記遊〉及攝影作 3 張。2014.8.18 刊詩〈傷悼 —— 前鎮
氣爆受難者〉及水彩畫作。2014.9.17 刊副刊散文〈都蘭紀行〉
及攝影作 1 張、水彩畫 1 幅。2014.9.24 刊投書版〈人間處處
有溫暖 詩人獻愛心 盼弱勢原住民重生〉。2014.10.6 刊副刊

散文〈意外的訪客〉及水彩畫 1 幅。2014.10.24 副刊刊散文詩〈竹子湖之戀〉及水彩畫 1 幅。2014.11.14 副刊刊新詩〈無論是過去或現在〉及水彩畫 1 幅。2014.12.2 副刊刊新詩〈回鄉〉及水彩蠟筆畫 1 幅。

5-9.《人間福報》副刊 2015.1.23 刊副刊散文〈秋在花蓮〉，水彩畫 1 幅及攝影作品 2 張。2015.3.17 刊詩〈葛根塔拉草原之戀〉及水彩畫 1 幅。2015.4.20 刊散文〈阿里山記遊〉及攝影作品 3 張。2015.5.29 副刊刊詩〈陽光下的時光〉及水彩畫 1 幅。2015.7.17 副刊刊詩〈甘南，你寬慰地向我呼喚〉及水彩畫 1 幅。2015.8.17 副刊刊散文〈赤柯山散記〉及攝影 1 張。2015.9.8 刊詩〈月河行〉及水彩畫 1 幅。2015.11.4 刊散文〈宋伯伯的的五彩饅頭〉及水彩畫 1 幅攝影 2 張。2015.12.3 刊散文〈不凋的欖仁樹〉及水彩畫 1 幅。

5-10.《人間福報》副刊 2016.01.13 刊散文〈紅葉部落之秋〉及攝影照 4 張，水彩畫一幅。

6.《乾坤》詩刊，自 2010 年至 2014 年春季號，第 50 至 69 期，共發表新詩 43 首、古詩 4 首及詩評 14 篇。

6-1.《乾坤》詩刊 50 期，2009 夏季號詩〈夏日長風〉〈江岸暮色〉〈來自大海的聲音〉〈風的默思〉，51 期，2009 秋封底刊作者照簡介詩觀及詩〈山桐花開時〉、52 期，2009 冬刊詩〈末日地窖〉及詩評尹玲，53 期，2010 春詩〈稻草人〉〈夜思〉及詩評辛鬱，54 期，2010 夏刊新詩〈大冠鷲的天空〉〈貓尾花〉〈霧〉及詩評向陽及舊詩 4 首〈暮春〉〈默喚〉〈湖山高秋〉〈秋盡〉，55 期，2010 秋刊新詩〈月橘〉〈芍藥〉〈馬櫻丹〉，56 期，2010 冬刊詩〈靜海〉〈因為愛〉及詩評徐世澤，57 期，刊中英譯詩〈十月秋雨〉〈星河〉及詩評鞏華，58 期，2011

夏詩評辛牧，59 期，2011 秋刊詩〈黎明時分〉〈雖已遠去〉
及詩評錦連，60 期，2011 冬刊詩〈夜之聲〉〈我握你的手〉
及詩評〈李瑞騰詩〈坎坷〉〈流浪狗〉的再解讀〉，61 期，2012
春詩評藍雲，62 期，2012 夏詩〈又是雨幕的清晨〉〈問愛〉
及詩評〈一支臨風微擺的青蓮—淺釋莫云的詩〉，63 期，2012
秋刊詩〈玉山，我的母親〉〈秋之楓〉及詩評藍雲，64 期，
2012 冬刊詩〈在積雪最深的時候〉及詩評楊宗翰，65 期，2013
春刊詩〈冬之雪〉〈詠車城〉，66 期，2013 夏刊詩〈追憶
—— 鐵道詩人錦連〉，67 期，2013 秋刊詩評蘇紹連，69 期，
2014 春刊書評〈讀丁文智詩集《重臨》隨感〉。

7.《秋水》詩刊，136 期，2008.01 刊新詩〈松林中的風聲〉〈剪影〉、
137 期 2008.04 詩〈林中漫步〉〈春雪飛紅〉、138 期 2008.07
詩〈煙雲〉、139 期 2008.10 詩〈露珠兒〉〈過客〉、140 期 2009.01
詩〈浪花〉〈夜思〉、141 期 2009.04 詩〈雨意〉〈清雨塘〉、142
期 2009.07 詩〈北窗下〉〈聽雨〉、143 期 2009.10 詩〈晚秋〉
144 期 2010.1〈在瀟瀟的雪夜〉、145 期 2010.4 詩〈暮煙〉〈剪
影〉、146 期 2010.07 詩〈在邊城〉〈懷舊〉、147 期 2010.10
書評〈讀張堃的《調色盤》〉、148 期 2011.01 書評〈夢幻詩境
的行者 —— 淺釋《綠蒂詩選》〉、149 期 2011.04 詩〈林中小徑
的黃昏〉〈枷鎖〉、150 期 2011.07 詩評〈淺釋屠岸的詩〈露臺
下的等待〉〉、151 期 2011.11 詩評〈淺釋林錫嘉詩三首〉、152
期 2012.01 詩〈在寂靜蔭綠的雪道中〉、153 期 2012.04 詩評
〈讀向明詩集《閒愁》、155 期 2012.10 詩〈秋林〉、156 期
2013.01〈靜寫生命的芬芳 —— 淺釋綠蒂詩二首〉。

7-1.《秋水》詩刊，161 期，2014.10，刊書評〈一隻優雅昂起的
九色鹿 —— 讀梅爾的詩〉及新詩 2 首〈憶友 —— Kahan〉〈勇

者的畫像-致綠蒂〉。162 期，2015.01 刊詩 2 首〈想妳，在墾
丁〉、〈冬日神山部落〉。164 期，2015.07 刊英譯詩 1 首〈雨，
落在故鄉的泥土上〉非馬譯。165 期，2015.10 刊詩〈夢見中
國〉，頁 37。

7-2.《秋水》詩刊，166 期，2016.01 刊詩（夢見中國），頁 38。
《秋水》詩刊共發表詩 29 首、譯詩 1 首及詩評 7 篇。

7-3.《戀戀秋水》秋水四十周年詩選，涂靜怡主編，2013.06 出版，
收錄林明理詩 3 首〈煙雲〉〈在邊城〉〈懷舊〉，頁 186-187。

8.《海星》詩刊，2011 年 9 月創刊號，第 1 期，刊詩 2 首〈在蟲
鳥唧唧鳴鳴的陽光裡〉〈雨後的夜晚〉，頁 52-53。

8-1.《海星》詩刊，2011 年 12 月，第 2 期，刊詩 4 首〈回到過去〉
〈悼紐西蘭強震罹難者〉〈致貓頭鷹的故鄉〉〈來自珊瑚礁島
的聲音〉頁 86-87，詩評 1 篇〈喬林詩歌的哲學意蘊〉頁 12-15。

8-2.《海星》詩刊，2012 年 3 月，第 3 期春季號，刊詩 4 首〈鐫
痕〉〈在靜謐花香的路上〉〈惦念〉〈風滾草〉頁 94-95，詩評
1 篇〈風中銀樹碧雨後天虹新 —— 淺釋鄭愁予的詩三首〉，頁
16-19。

8-3.《海星》詩刊，2012 年 6 月，第 4 期夏季號，刊詩詩評 1 篇
〈引人注目的風景-淺釋白萩的詩三首〉，頁 21-26。

8-4.《海星》詩刊，2012 年 9 月，第 5 期秋季號，刊詩 3 首〈海
頌〉〈夏之吟〉〈夏至清晨〉頁 69，詩評 1 篇〈簡潔自然的
藝術風韻-讀余光中的鄉土詩〉，頁 16-19。

8-5.《海星》詩刊，2012 年 12 月，第 6 期冬季號，刊作者畫封面
彩色水彩畫、詩 2 首〈拂曉時刻〉〈默念〉頁 59，詩評 1 篇
〈輕酌曉月賦詩葩-讀羅智成《現代詩的 100 種可能》〉，頁
27-29。

8-6.《海星》詩刊，2013 年 3 月，第 7 期春季號，刊詩 1 首〈一如白樺樹〉，頁 102.詩評 1 篇〈遠離塵囂的清淨與自然 —— 淺釋白靈的詩〉，頁 18-21。

8-7.《海星》詩刊，2013 年 6 月，第 8 期夏季號，刊詩 2 首〈歌飛阿里山森林〉〈老街吟〉頁 101，詩評 1 篇〈光明的歌者 —— 讀非馬《日光圍巾》〉，頁 14-17。

8-8.《海星》詩刊，2013 年 9 月，第 9 期秋季號，刊詩評 1 篇〈以詩為生命的苦吟者-讀詹澈的詩〉，頁 18-21。

8-9.《海星》詩刊，2013 年 12 月，第 10 期冬季號，刊詩評 1 篇〈對純真美的藝術追求-讀蕭蕭的詩〉，頁 16-19。

8-10.《海星》詩刊，2014 年 3 月，第 11 期春季號，刊詩評 1 篇〈抒情詩的創造性 —— 讀林文義的《旅人與戀人》〉，頁 16-19。

8-11.《海星》詩刊，2014.06，第 12 期夏季號，書評〈夜讀鍾玲詩集《霧在登山》，頁 15-19。

8-12.《海星》詩刊，2014.09，第 13 期秋季號，詩評〈走進周夢蝶的沉思歲月〉。

8-13.《海星》詩刊，2014.12，第 14 期冬季號，詩評〈夜讀莫云《夜之蟲》〉及詩〈那年冬夜〉。

8-14.《海星》詩刊，2015.03，第 15 期春季號，詩評〈陳義芝的浪漫與沉思〉及刊「翰墨詩香」詩書聯展參展活動照。

8-15.《海星》詩刊，2015.06，第 16 期夏季號，書評〈《小詩‧隨身帖》讀後〉，頁 15-18 及《山居歲月》書介。

8-16.《海星》詩刊，2015.09，第 17 期秋季號，書評〈讀莫渝詩集《陽光與暗影》，頁 17-20。

8-17.《海星》詩刊，2015.12，第 18 期冬季號，詩評〈真情蘊藉

詩情 —— 讀方艮的詩》，頁 17-20。

9.臺南市政府文化局出版《鹽分地帶文學》雙月刊，第 37 期，2011年 12 月，刊登詩 1 首〈越過這個秋季〉，頁 150。

9-1.《鹽分地帶文學》雙月刊，第 45 期，2013 年 4 月，刊登詩 1首〈白河：蓮鄉之歌〉，頁 168。

9-2.《鹽分地帶文學》雙月刊，第 59 期，2015 年 8 月，刊登詩 1首〈雨落在故鄉的泥土上〉，頁 164-165。

10.鶴山 21 世紀國際論壇《新原人》雜誌季刊，第 70 期，2010夏季號，發表詩 2 首〈懷鄉〉〈午夜〉，頁 152。

10-1.《新原人》季刊，2011 冬季號，第 76 期，書評 1 篇〈簡論米蘭・裏赫特《湖底活石》的自然美學思想，頁 214-220。

10-2.《新原人》季刊，2012 秋季號，第 79 期，詩評 1 篇〈伊利特凡・圖奇詩作及其價值〉，頁 228-231。

10-3.《新原人》季刊，2013 春季號，第 81 期，詩評〈一隻慨然高歌的靈鳥 —— 讀普希金詩〉，頁 164-173。

10-4.《新原人》季刊，2013 夏季號，第 82 期，〈中英譯〉書評伊利・戴德切克著〈夜讀詩集《身後之物》，頁 150-160。

11.中國文藝協會會刊《文學人》季刊，革新版第 6 期 2009.08，畫評蔡友教授，頁 67-68.該畫評發表於佛光山，出席兩岸畫展研討會。

11-1.《文學人》季刊，革新版第 7 期 2009.11，刊詩 4 首〈原鄉 —— 詠六堆〉〈北埔夜歌〉〈風雨之後〉〈在我的眼睛深處〉，頁 104-105。

11-2.《文學人》季刊，革新版第 9 期，總 22 期，2010.12，刊詩評〈辛牧的詩化人生〉，頁 74-76。及新詩 2 首〈遙寄商禽〉〈破曉時分〉。

11-3.《文學人》季刊，革新版第 11 期 2013.05，刊作者獲 54 屆文藝獎章〈新詩類〉得獎名錄，頁 9。

12.《新地文學》季刊，第 18 期，2011.年 12 月，刊登詩 2 首〈九份之夜〉〈生命的樹葉〉，頁 54-55。

12-1.《新地文學》季刊，第 22 期，2012 年 12 月，刊登詩 2 首〈冬日〉〈詠車城〉，頁 172-173，及作者簡介。

2012 年 12 月，第 22 期刊登詩 2 首。

13.高雄市《新文壇》季刊，自第 13 期至 2016 年 1 月，共發表詩 28 首，詩畫評論共 18 篇、畫作 3 幅。13 期 2009.1 刊新詩〈夜航〉〈湖山高秋〉、14 期 2009.04 刊詩〈冬之湖〉〈聽雨〉〈草露〉、15 期 2009.7 詩評辛牧及詩〈山桐花開時〉〈秋暮〉、16 期 2009.10 藝評〈非馬詩畫的審美體驗〉及詩〈致黃櫨樹〉〈春深〉〈光之湖〉、17 期 2010.1 詩〈雨中的綠意〉〈珍珠的水田〉、18 期 2010.04 散文〈真純的慈心 —— 星雲大師〉及詩〈漁唱〉〈牧歸〉、19 期 2010.07 刊書封面水彩畫及封底作者簡介照片及詩評〈讀瘂弦〈歌〉〈瓶〉〉及詩〈停雲〉〈稻草人〉、20 期 2010.10 刊水彩畫及詩評謝明洲及詩〈秋日的港灣〉、21 期 2011.1 刊水彩畫及詩評〈淺釋吳鈞的詩四首〉及詩〈秋城夜雨 —— 悼商禽〉〈昨夜下了一場雨〉、22 期 2011.4 詩評林莽及詩〈在清靜的茵綠裡〉、24 期 2011.07 畫評蔡友教授及詩〈憂鬱〉、25 期 2011.10 書評馮馮、26 期 2012.1 詩評傅天虹及詩〈一棵雨中行的蕨樹〉、27 期 2012.4 書評楊奉琛及詩〈啊，卡地布〉、28 期 2012.7 刊書評〈略論陳義海的詩歌藝術〉及詩〈歌飛阿里山茶香〉、29 期 2012.10 詩〈當時間與地點都變了〉、30 期 2013.01 畫評賀慕群、31 期 2013.04 詩〈原鄉，咏撫順〉、32 期 2013.7 書評斯聲的詩、

33 期 2013.10 詩評〈辛鬱的抒情詩印象〉及詩〈原鄉〉、34
期 2014.1 書評《讀楊濤詩集心窗》。39 期 2015.04 詩評〈深
秋裡的白鷺 —— 獨鄭勁松的詩〉。40 期 2015.07 畫評〈與自
然共舞-楊惠珺的繪畫藝術〉。41 期 2015.10 詩評〈為故鄉而
歌 —— 讀鄭衛國的詩〉，42 期 2016.01 詩評屈金星《煤啊，
我的情人我的黑姑娘》。

14. 高雄市《大海洋》詩雜誌，第 85 期，2012.07 刊登林明理簡
介照片及英詩〈吳鈞譯〉4 首〈秋日的港灣〉〈海上的中秋〉
〈海祭〉〈霧〉於頁 48-49、書評一篇〈試論《周世輔回憶錄》
的文學價值〉，頁 50-51。

14-1.《大海洋》詩雜誌，第 86 期，2012.12 刊登林明理英詩 4 首
〈吳鈞譯〉〈想念的季節〉〈樹林入口〉〈曾經〉〈十月秋雨〉
於頁 20-21 及詩評一篇〈愛倫‧坡的詩化人生〉，頁 22-27。

14-2.《大海洋》詩雜誌，第 87 期，2013.07 刊登詩評 1 篇〈傑克‧
斐外詩歌的意象藝術探微〉於頁 23-27 及獲第 54 屆中國文藝
獎章新詩類報導照片、證書資料於頁 22。

14-3.《大海洋》詩雜誌，第 88 期，2014.1 刊登詩評 1 篇〈一隻
慨然高歌的靈鳥 —— 讀普希金的詩〉頁 26-31 及詩 1 首〈重
生的喜悅〉於頁 26。

14-4.《大海洋》詩雜誌，第 89 期，2014.7 刊登詩評 1 篇〈評葦
子的詩世界〉頁 74-76 及作者與 Prof.Kahan 諾貝爾和平獎得
主合照一張。

14-5.《大海洋》詩雜誌，第 90 期，2015.01 刊登書評 1 篇〈從孤
獨中開掘出詩藝之花 —— 淺釋《艾蜜莉‧狄金生詩選》〉，頁
120-124。

14-6.《大海洋》詩雜誌，第 91 期，2015.07 刊登詩評 1 篇〈讀鄭

勁松的詩〉及新詩〈憶友 —— prof.Kahan〉、合照於馬來西亞
世詩一張。

14-7.《大海洋》詩雜誌，第 92 期，2016.01 刊登詩評 1 篇〈飛越
海洋的詩情 —— 讀朱學恕的詩〉、合照及新詩 5 首〈生命的
樹葉〉、〈越過這個秋季〉、〈綠淵潭〉、〈等著你，岱根塔拉〉、
〈秋夕〉及散文一篇及攝影照。

15.臺北市保安宮主辦，《大道季刊》第 62 期，2011 年 1 月，發表
古蹟旅遊論述〈雨抹輕塵清馨疏鐘 —— 觀臺北市大龍峒保安
宮有感〉，頁 10-13。

16.《臺灣時報》，2011.12.16，臺灣文學版，刊登作者與丁旭輝等
合照及散文 1 篇〈高應大「佛文盃」觀禮有感〉，頁 18。

16-1.《臺灣時報》，2013.6.3，臺灣文學版，刊登書評〈夜讀梁正
宏《如果，轉九十度》〉，頁 18。

16-2.《臺灣時報》，2013.6.16，臺灣文學版，刊登詩評〈蓉子詩
中的生命律動〉，頁 18。

16-3.《臺灣時報》，2013.7.4-7.5，臺灣文學版，刊登詩評〈林泠
的抒情詩印象〉，頁 18。

16-4.《臺灣時報》，2013.8.5，臺灣文學版，刊登詩評〈走進路寒
袖的詩世界〉，頁 21。

16-5.《臺灣時報》，臺灣文學版，刊登詩評 2013.8.18-8.19，臺灣
文學版，刊登書評伊利・戴德切克著〈夜讀詩集《身後之物》，
頁 21。

16-6.《臺灣時報》，臺灣文學版，2013.9.16，刊詩評印度前總統
〈夜讀阿布杜・卡藍詩〈我原鄉的欖仁樹〉，頁 21。

16-7.《臺灣時報》，臺灣文學版，2013.11.24，刊林明理的書序文
〈在時光的倒影中〉及獲文學博士頒獎照，頁 21。

16-8.《臺灣時報》，臺灣文學版，2013.12.1-12.2 刊詩評〈淺析余光中的新詩三首〉，頁21。

16-9.《臺灣時報》，臺灣文學版，2013.12.15-12.16 刊書評〈綠蒂詩歌的藝術成就及與綠蒂合照於馬來西亞 33 屆世詩大會參訪，頁21。

16-10.《臺灣時報》，臺灣文學版，2014.5.4，刊散文 1 篇〈鞏伯伯的菜園子〉，水彩畫1幅及住家門前照，頁21。

16-11.《臺灣時報》，臺灣文學版，2014.5.11-12，刊登詩評〈關懷情赤子心 —— 讀焦桐的詩〉，頁21。

16-12.《臺灣時報》，臺灣文學版，2014.5.25 刊登詩評〈為故鄉而歌-讀陳黎的詩〉，頁21。

16-13.《臺灣時報》，臺灣文學版，2014.8.15 刊登散文〈遷移記〉。

16-14.《臺灣時報》，臺灣文學版，2014.9.7-9/8 刊登詩評〈淺談羊令野的詩藝人生〉。

16-15.《臺灣時報》，臺灣文學版，2014.9.18 刊登新詩〈蘿蔔糕〉及攝影圖片 1 張。

16-16.《臺灣時報》，臺灣文學版，2014.10.12 刊登詩及水彩畫一幅〈流浪漢〉。

16-17.《臺灣時報》，臺灣文學版，2014.12.14-15 刊詩評〈堅守與理想 —— 讀葉笛的詩〉。

16-18.《臺灣時報》，臺灣文學版，2014.12.21-22 刊詩評〈讀吳晟的詩隨感〉。

16-19.《臺灣時報》，臺灣文學版，2015.1.4 刊書評〈讀傅予《籬笆外的歌聲》〉、與林明理合照一張。

16-20.《臺灣時報》，臺灣文學版，2015.1.11 刊〈縱浪翰墨詩香〉及林明理與隱地、向明、魯蛟合照 1 張。

16-21.《臺灣時報》，臺灣文學版，2015.2.1-2.2 刊詩評〈美麗的瞬間〉。

16-22.《臺灣時報》，臺灣文學版，2015.3.1 刊新詩 2 首〈四草湖中〉〈恬靜〉及攝影圖 1 幅。

16-23. 2015.4.2 刊新詩〈致出版家彭正雄先生〉及《山居歲月》書封面。

16-24. 2015.4.26 刊新詩〈野桐〉及攝影作品一張。

16-25. 2015.5.11 刊詩評〈敻虹詩的神性寫作〉及《山居歲月》書封面。16-26. 2015.6.8 刊散文〈布農部落遊踪〉〈圖文〉。

16-27. 2015.6.20 刊散文〈夢中的，母親〉及水彩畫一幅。

16-28. 2015.7.20 刊詩〈相見居延海〉及水彩畫一幅。

16-29. 2015.8.2 刊散文〈鹿野高台記遊〉及水彩畫作 1 幅。

16-30. 2015.8.9 台灣文學版刊「文學名家大展」林明理專頁，收錄新詩 6 首〈想妳，在墾丁〉〈綠淵潭〉〈越過這個秋季〉〈秋夕〉〈等著你，岱根塔拉〉〈生命的樹葉〉，散文一篇〈在我南灣的風景中〉，水彩畫作 5 幅，攝影 1 張。

16-31. 2015.8.16 台灣文學版刊詩評〈飛越海洋的詩情 —— 讀朱學恕的詩〉，攝影合照 1 張。

16-32. 2015.9.6 台灣文學版刊新詩〈縱然剎那〉及水彩畫 1 幅。

16-33. 2015.9.13 台灣文學版刊散文〈生命的樂章〉及水彩畫 1 幅。

16-34. 2015.9.27 台灣文學版刊散文〈野薑花的回憶〉及水彩畫 1 幅。

16-35. 2015.11.30 台灣文學版刊詩二首〈給 Athanase Vantchev de Thracy〉及水彩畫 1 幅。

16-36.2015.12.14 台灣文學版刊詩〈六十石山小記〉及攝影照 1 幅。

16-37.2016.1.4 台灣文學版刊散文（富源賞蝶記）及水彩畫 1 幅。

17.《青年日報》副刊，2012.11.17，刊詩 1 首〈詠車城〉，頁 10。

17-1.《青年日报》副刊，2012.12.16，刊詩 1 首〈寄墾丁〉，頁 10。

17-2.《青年日报》副刊，2013.3.9，刊詩 1 首〈野地〉，頁 10。

18.《葡萄園》詩刊，第 178 期 2008 夏季號〈夜之海〉〈風吹的早晨〉〈送別〉〈寒梅〉〈瓶中信〉，179 期 2008 秋季號〈追夢〉〈橄欖花〉〈被遺忘的角落〉〈昨日已逝〉〈山雨滿樓〉〈可仍記得〉，180 期 2008 冬季號〈靜夜〉〈春信〉〈夏日涅瓦河畔〉〈行雲〉〈江晚〉〈日落〉，181 期 2009 春季號散文〈重遊台北城〉及詩〈星空中的風琴手〉〈墨竹〉〈春日江中〉〈大貝湖畔〉〈一方寒影〉〈光點〉，182 期 2009 夏季號〈流螢〉〈驀然回首〉〈木棉花道〉，183 期 2009 秋季號書評胡爾泰詩集及詩〈夢土的小溪〉〈秋暮〉〈岩川之夜〉〈春已歸去〉，184 期 2009 冬刊書評〈讀吳開晉《游心集》〉及詩〈七月〉〈西湖秋柳〉〈夢裡的山谷〉。

19.臺北《世界論壇報》，第 143 期至 168 期止，共刊登新詩 19 首，自傳文 1 篇。

19-1.《世界論壇報》，143 期新詩〈冬的洗禮〉〈沉默的湖面〉〈我願是一片樹海〉、145 期 2008.11.20 詩〈考驗〉、146 期 2008.12.4 詩〈想念的季節〉〈北窗下〉、147 期 2008.12.18〈望鄉〉〈翠堤偶思〉〈逗留〉、148 期 2009.1.8 詩〈看白梅花開〉〈又還丁香〉，149 期 2009.1.22 詩〈在初冬湖濱〉，150 期詩〈春信〉，151 期 2009.3.5 詩〈老街〉〈枯葉蝶〉及書介《夜櫻》。152 期 2009.3.19 詩〈萊斯河向晚〉，153 期 2009.4.9 詩〈神農溪上的縴夫〉〈走在彎曲的小徑上〉，157 期 2009.6.18 詩〈逗留〉，158 期 2009.7.9 詩〈墨竹〉〈萊斯河向晚〉，168 期 2009.12.10 詩〈驀然回首〉。

20.臺南《台灣文學館》第 32 號，2011 年 9 月，頁 68，刊登詩會
　　合照。第 36 期，2012 年 09 月「榴紅詩會」詩人全體合照 2
　　張紀念。

21.第 30 屆世界詩人大會編印，World Poetry Anthology 2010‧2010
　　世界詩選，2010 年 12 月 1-7 日，臺北，臺灣。刊登簡介照
　　片、中英譯詩 2 首〈雨夜〉〈夏荷〉，頁 328-331 及論文 1 篇
　　〈詩美的極致與藝術開拓〉〈中英對照〉，吳鈞教授譯，頁
　　661-671。〈作者出席台北吟誦譯詩及發表論文〉

21-1.第 33 屆世界詩人大會編印，33rd World Congress of poets，
　　2013.10.25 刊登作者簡介照片及譯詩〈樹林入口〉〈Tree on the
　　bank〉於頁 66。〈作者出席馬來西亞吟誦譯詩及領頒授文學
　　博士證書〉

22.乾坤詩選〈2002-2011〉，《烙印的年痕》，林煥彰等編，收錄林
　　明理詩〈末日地窖〉，頁 190-191，2011 年 12 月版。

23.葡萄園五十周年詩選，《半世紀之歌》，收錄〈瓶中信〉詩一首。
　　2012 年 7 月版。

24.《詩人愛情社會學》，莫渝編，收錄林明理詩 1 首〈木框上的
　　盆花〉，散文一篇〈愛情的巡禮〉。釀出版，頁 87-90，2011
　　年 6 月版。

25.《蚱蜢世界》，非馬著，2012 年 7 月秀威出版，版收錄林明理
　　詩評非馬〈「照夜白」的象徵 —— 非馬〉，頁 245-252。

26.《花也不全然開在春季》，丁文智著，爾雅 2009 年 12 月版，
　　收錄林明理詩評〈鏡湖映碧峰 —— 讀丁文智的〈芒〉、〈自主〉〉
　　一篇，頁 232-236。

26-1.《雪飛詩歌評論集》，雪飛著，2009 年海峽兩岸中秋詩歌朗
　　誦會暨作品研討會論文，收錄林明理詩評 1 篇〈愛與美的洗

禮 ── 評雪飛《歷史進行曲》，頁 129-140。

26-2.《光之穹頂》，莫渝著，高雄市文化局策畫出版，2013.10，收錄林明理書評〈真樸、意趣與悲憫 ── 讀莫渝《光之穹頂》〉。

27.《臺灣公論報》，2013.6.17，刊登詩 1 首〈生命的樹葉〉及林明理獲中國文藝獎章新詩類的報導照片。

28.《陳千武紀念文集》南投縣文化局出版，2014.05，收錄林明理詩一首〈追悼 ── 陳千武前輩〉，頁 138。

29.《詩藝浩瀚》，中國詩歌藝術學會編，文史哲出版，2009 年 6 月，頁 339-348。刊簡介照片及新詩 8 首〈牧羊女的晚禱〉〈夜櫻〉〈瓶中信〉〈金池塘〉〈遲來的春天〉〈北極星〉〈雨夜〉〈寒松〉。

30.高雄市《太極拳雜誌》第 172 期 2007.8 刊〈習拳有感〉、173 期 2007.10 刊散文〈古道之旅感言〉、174 期 2007.12 刊〈野薑花的回憶〉、〈生命的樂章〉及詩〈殘照〉。

30-1.第 237 期臺北《太極拳研究專輯》，2008.1.15 刊詩〈縱然剎那〉。

31.「台灣詩學吹鼓吹詩論壇」網路推薦置頂 2007.10 詩〈青煙〉、2007.11 詩〈夢橋〉、2007.12 詩〈秋收的黃昏〉、2008.02 詩〈手心裡的束髮〉〈山影〉、2008.06 詩〈雨中冥想〉。

32.《藝文論壇》創刊號 2009.5.4，中國詩歌藝術學會出版，收錄林明理 1 文〈海峽兩岸兒童詩的發展方向〉，頁 98-99。第 2 期 2009.9.10 收錄書評〈評雪飛《歷史進行曲》〉，頁 76-80。

33.張默編著，《小詩‧隨身帖》，創世紀詩社出版，2014.9，頁 21，收錄新詩〈流星雨〉1 首。

34.第三屆海峽兩岸漂母杯文學獎，《母愛，愛母》獲獎作品集，

刊登散文獎三等獎〈母親與我〉及新詩獎二等獎〈母親〉，台
北，聯經出版社，2014.10 出版。

35.莫渝著，《陽光與暗影》，新北市政府主辦，2014.10 出版，收
錄林明理書評〈讀莫渝《走入春雨》〉，頁 192-198。

36.《華文現代詩》，第 5 期，2015.05，台北市，華文現代詩社，
刊新詩二首〈朱鸝〉、〈陽光下的時光〉，頁 61。

36-1.第 6 期，2015.8，刊詩二首〈西漢高速〉、〈華夏龍脈雕塑群〉，
頁 84。36-2. 第 7 期 2015.11 刊詩 1 首〈大好河山張家口〉
頁 61.及詩評〈真醇的詩音-張智中的詩〉，頁 36-38。

37.《母愛，愛母》和獲獎作品集，第四屆海峽兩岸漂母杯散文詩
歌大賽，新詩組二等獎〈獻給抗癌媽咪〉，聯經出版，2015.6，
頁 131-133.

38.楊允達著，《時間之時》，普音出版，2014.10.收錄林明理詩評
〈融合寫實寫意的感事抒懷 ── 楊允達其人及其作品〉。

海外詩刊物及報紙

1.美國《poems of the world》季刊，2010 年起至 2015 夏季，發表
非馬博士英譯林明理詩 3 首，吳鈞教授英譯林明理新詩 19 首。
2010 春季號刊詩 1 首〈光點〉〈非馬譯〉，2010 夏刊詩 1 首〈夏
荷〉，2010 秋刊詩 2 首〈十月秋雨〉〈雨夜〉，2010 冬刊詩 1
首〈流星雨〉。
2011 春刊詩 1 首〈曾經〉，2011 夏刊詩 1 首〈所謂永恆〉，2011
秋刊詩 2 首〈想念的季節〉〈霧〉，2011 冬刊詩 1 首〈在那星星
上〉。
2012 春刊詩 1 首〈四月的夜風〉，2012 夏刊詩 1 首〈在白色的

夏季裡〉。2012 秋刊詩〈秋日的港灣〉，2012 冬季刊詩 2 首〈午夜〉,〈流星雨〉。

2013.春季刊詩〈看灰面鵟鷹消逝〉，2013.夏季刊詩〈早霧〉，2013 秋季刊詩〈秋復〉，2013 冬季刊詩〈海影〉。

2014 春季刊詩〈Recalling of my Friend--Ernesto Kahan〉,2014 秋季號刊詩〈晚秋〉。2015 春季號刊非馬譯明理詩〈RAINDROPS FALLING IN MY HOMETOWN〉〈雨落在故鄉的泥土上〉，2015 夏季號刊詩〈回憶的沙漏〉。

2. 美國報紙《亞特蘭大新聞》Atlanta Chinese News，2010 年 2 月起至 2016..年 1 月，共發表 1 篇散文、14 篇文學評論及新詩 1 首〈偶然的佇足〉於 2010.8.6。

2010.7.23 刊作者簡介照片及詩評〈商禽詩全集〉的哲學沉思〉、2010 年 7.30 刊作者簡介照片及詩評〈讀林煥彰的詩〈候鳥過境〉〉。

2011 年 2 月 25 日刊簡介照片及詩畫評《葉光寒的美學思想》，2011.3.25 刊作者簡介照片及詩評〈讀涂靜怡的詩〉，2011.4.22 刊作者與古月合照及詩評〈古月的詩世界〉，2011.1.28 刊〈走向璀璨的遠景 —— 曾淑賢以人性打造圖書館〉，2011.1.14 書評〈簡論非馬的散文創作 —— 讀《不為死貓寫悼歌》有感〉，2011.4.15 書評〈略論臺灣高準的詩才〉，2011.3.4 刊簡介照片及書評〈評李浩的《評許廣平畫傳》研究〉。2011.6.10 刊作者照及詩評〈鍾順文的《六點三十六分》〉。

2015.11.13 刊作者與諾貝爾和平獎得主 Ernesto Kahan 合照 2 張及散文《世詩會記遊》。2015.12.4 刊作者照及書評〈彈響心靈的古琴 —— 試析瘂弦的詩〉。2015.12.18.刊作者與非馬合照及詩評〈說不盡的非馬〉。2015.12.25 刊詩評〈楊允達詩歌的藝術成就〉

及作者合照 2 張及林明理博士新詩集 SUMMER SONGS 封面及中英簡介。

http://www.atlantachinesenews.com/News/2015/12/12-25/b-05.pdf

2015.12.25 刊林明理給美國亞特蘭大詩友賀年卡祝語及水彩畫一張。

http://www.atlantachinesenews.com/News/2015/12/12-25/b-08.pdf

2016.1.1 刊書評（夜讀拉加蘭姆《蜜蜂—生命如時》）及作者與 Ernesto Kahan、印度詩人合照一張。

http://www.atlantachinesenews.com/News/2016/01/01-01/b-08.pdf

3.美國《新大陸》雙月詩刊，任作者為名譽編委，2009 年第 110 期迄 134 期止，共發表詩 45 首。第 117 期詩評葉維廉、113 期詩評非馬共 2 篇。

4.泰國《中華日報》，2009 年 8 月 11 日，刊登新詩 3 首〈笛在深山中〉〈江岸暮色〉〈草露〉。

5.馬尼拉出版，《世界日報》，2009.8.6，刊新詩 1 首〈夢裡的山谷〉，頁 14。

Dr. Lin Ming-Li

Biography

Dr. Lin Ming-Li was born in 1961 in Yunlin, Taiwan. She holds a Master's Degree in Law and lectured at Pingtung Normal College. A poetry critic, she is currently serving as a director of the Chinese Literature and Art Association, the Chinese New Poetry Society, and Beijing's International Association of Chinese Poetry. On the 5th of April 2014, she won the Creative Poetry Prize in the 54th Chinese Literature and Arts Awards. On the 21st of October 2013, she received a Doctor of Literature degree from America's World Culture and Art Institute. On the 9th of September 2012, the World Satellite TV Station in Taiwan broadcast her interview, "Lin Ming-Li: the Heart that Pursues a Dream with Poetry and Painting".

Her publications include "An Autumn Harvest Evening", "Night Sakura: Collection of Poems and Paintings", "Images and Connotations of New Poetry : Reading and Analysis of the Works of Contemporary Poets", "The Fusing of Art and Nature: Criticism of Contemporary Poetry and Literature", "The Gushing of a Pure Spring: Modern Poetry Criticism". "Developing Beauty with Poetic Art: Lin

Ming-Li On Poetry", "A Collection of Criticism from Newspapers and Magazines", "The Walking Singer: Lin Ming-Li On Poetry", and "Ode to the Sea: A Collection of Poems and Essays of Lin Ming-Li"," Lin Ming-Li 's Collected Essays".

Her books of poetry include "Hawthorn Tree", "Memory's Hourglass", (Chinese/English}, "Clear Rain Pond" (Chinese/English}, "Days in the Mountains" (Chinese/English), "Summer Songs" (Chinese/English/French) and "Silent call" (Chinese/English/French).

Her poems and paintings are included in "A Collection of Poetry, Calligraphy and Painting by Contemporary Famous Chinese Poets", compiled in 2015 by New Poetry Research Institute of Shanxi University. Six of her poems are included in "Taiwanese Literary Textbook for the Youth of Yunlin County". Her review articles have been quoted in theses by many graduate students.　Thousands of her works, including poetry, painting, essay, and criticism have appeared in publications all over the world.

Dr. Lin Ming-Li
Postal code：95058
NO.1，SECTION 2，HSING AN ROAD，
TAITUNG，TAIWAN
Phone：　089-233583
95058 台灣台東市興安路 2 段 1 號　林明理
http://blog.sina.com.cn/june122333
june122333@yahoo.com.tw

Biographie

Le Docteur Lin Ming-Li est née en 1961 à Yunlin, Taïwan. Titulaire d'une maîtrise en droit, elle a été maître de conférences à l'École Normale de Pingtung. Critique de poésie, elle occupe actuellement le poste d'administrateur de l'Association Art et Littérature chinois, de l'Association Nouvelle Poésie chinoise et de l'Association internationale de poésie chinoise de Pékin. Le 4 mai 2013, elle a obtenu le Prix de Poésie créative lors du 54ᵉ palmarès de littérature et d'art chinois. Le 21 octobre 2013, l'Institut de la Culture et des Arts du Monde d'Amérique lui a attribué le titre de Docteur. Le 9 septembre 2012, la Station Mondiale de télévision par satellite de Taiwan a diffusé une interview d'elle intitulée « Lin Ming-Li, le cœur qui poursuit ses rêves par la Poésie et la Peinture ». " Lin Ming-Li 's Collected Essays ".

Ses publications comprennent les titres suivants : « Soir de moisson d'automne», « Nuit des Cerisiers - recueil de poèmes et de peintures», «Images et connotations de la Nouvelle Poésie - lecture et analyse des œuvres de poètes contemporains», «Fusion de l'Art et de la Nature - critique sur la Poésie et la Littérature contemporaines», «Le Jaillissement d'une source pure – étude sur la poésie moderne», « Rehaussement de la Beauté grâce à l'Art poétique - Lin Ming-Li au sujet de la poésie», «Recueil de critiques tirées de journaux et de revues», «Les Chanteurs errants - Lin Ming-Li au sujet de la poésie» et «Ode à la mer – recueil de poèmes et d'essais de Lin Ming-Li». Ses autres livres de poésie sont: «L'Aubépine», «La clepsydre de la

mémoire» (bilingue: chinois – anglais), «L'Étang de pluie claire»
(bilingue: chinois – anglais), «Jours passés dans les montagnes»
(bilingue: chinois – anglais), « Chants d'été» (trilingue: chinois –
anglais – français) et «L'appel silencieux» (trilingue: chinois –
anglais – français).

Certains de ses poèmes et peintures figurent dans le *«Recueil de
poésies, calligraphies et peintures des plus notables poètes chinois
contemporains»* publié en 2015 par l'Institut de Recherches sur la
nouvelle poésie de l'Université de Shanxi.

Six de ses poésies figurent dans le *«Manuel de littérature
taïwanaise pour la jeunesse du comté de Yunlin».* Ses articles publiés
dans différents magazines ont été cités dans les thèses de nombreux
diplômés. Des milliers de ses œuvres de poésie, de peinture, d'essai
et de critique ont eu l'honneur des colonnes de revues et journaux du
monde entier.

榮譽事項

1.獲 2011 年台灣「國立高雄應用科技大學 詩歌類評審」校長頒贈聘書。

2.詩畫作品獲收入中國文聯 2015.01 出版「當代著名漢語詩人詩書畫檔案」一書，山西當代中國新詩研究所主編。

3.2015.1.2 受邀訪談於重慶市研究生科研創新專案重點項目「中國臺灣新詩生態調查及文體研究」，訪談內文刊於湖南文聯《創作與評論》2015.02。

4.獲《中國今世詩歌獎（2011-2012）指摘獎》第 7 名。

5.獲 2013 年中國文藝協會與安徽省淮安市淮陰區人民政府主辦，"漂母杯"兩岸「母愛主題」散文大賽第三等獎。2014 "漂母杯"兩岸「母愛主題」散文大賽第三等獎、詩歌第二等獎。2015 "漂母杯"兩岸「母愛主題」詩歌第二等獎。

6.新詩〈歌飛霍山茶鄉〉獲得安徽省「霍山黃茶」杯全國原創詩歌大賽組委會「榮譽獎」榮譽證書。

7.參加中國河南省開封市文學藝術聯合會「全國詠菊詩歌創作大賽」，榮獲銀獎證書〈2012.12.18 公告〉，詩作〈咏菊之鄉—開封〉。

8."湘家蕩之戀" 國際散文詩徵文獲榮譽獎，散文詩作品：〈寫給相湖的歌〉，嘉興市湘家蕩區域開發建設管理委員會、中外散文詩學會舉辦，2014.9.28 頒獎於湘家蕩。

9.獲當選中國北京「國際漢語詩歌協會」理事〈2013-2016〉。

10.獲當選中國第 15 屆「全國散文詩筆會」台灣代表，甘肅舉辦

「吉祥甘南」全國散文詩大賽，獲「提名獎」，2015.7.26 頒獎於甘南，詩作〈甘南，深情地呼喚我〉。

11.2015.08 中國·星星「月河月老」杯（兩岸三地）愛情散文詩大賽獲「優秀獎」，詩作〈月河行〉。

12.北京新視野杯"我與自然"全國散文詩歌大賽獲獎於 2015.10 獲散文〈布農布落遊蹤〉及詩歌〈葛根塔拉草原之戀〉均「二等獎」。

13.河南省 2015 年 8 月首屆"中國詩河鶴壁"全國詩歌大賽，獲「提名獎」，詩作〈寫給鶴壁的歌〉。

http://yj.hebidj.gov.cn/?p=2555

14.2015.9 中央廣播電台、河南省中共鄭州市委宣傳部主辦"待月嵩山 2015 中秋詩會詩歌大賽"獲三等獎，新詩作品〈嵩山之夢〉，獲人民幣 1 千元獎金及獎狀。

15.2012 年 9 月 9 日人間衛視『知道』節目專訪林明理 1 小時，播出於第 110 集「以詩與畫追夢的心 —— 林明理」。

16.成功大學教授陳益源編，《雲林縣青少年臺灣文學讀本》新詩卷，2016 文化局出版，收錄林明理新詩六首，（九份黃昏）（行經木棧道）（淡水紅毛城）（雨，落在愛河的冬夜）（生命的樹葉）（越過這個秋季）。

17.北京，2015 年全國詩書畫家創作年會，新詩（夢見中國）獲「二等獎」，頒獎典禮在 2015.12.26 人民大會堂賓館舉行。

18.福建省紹武市文體廣電新聞局主辦，2015"張三豐海內外詩歌大賽"，林明理新詩〈紹武戀歌〉獲"優秀獎"，2015.12.15 公告。

後　記

　　感謝海內外各刊物主編或編輯柴松林、時雍、綠蒂、黃耀寬、莫云、朱學恕、彭正雄、彭瑞金、李昌憲、李魁賢、林佛兒、李若鶯、楊濤、王小攀、張智、張映勤、Dr.Elma.、羅繼仁、陳明、（亞特蘭大新聞）許月芳等主編，及南京師範大學吳錦教授、山東大學吳開晉教授、集寧師範學院田智院長、甫田學院彭文宇教授、華中師範大學鄒建軍教授、鹽城師院薛家寶校長、郭錫健教授、陳義海教授、商丘師範學院高建立教授、郭德民教授、集寧師院田智院長，北京大學謝冕教授、吳思敬教授、古遠清教授、張智中教授、傅天虹教授、王珂教授、莊偉傑教授、譚五昌教授、王立世等教授。此外，特別感謝成功大學陳益源教授、高雄應用科技大學丁旭輝教授、1985 年諾貝爾和平獎得主 prof.Ernesto Kahan、法國詩人翻譯家 AthanaseVantchev deThracy、英格蘭詩人 **Norton Hodges**、美國非馬博士 William Marr、楊允達博士、愚溪博士、Jacob Isaac 等詩友的鼓勵。也感謝魯蛟、鄭愁予、莫渝、陳坤崙、鄭烱明、張默、瘂弦、旅人、吳俊賢等詩友的愛護。最後僅向文史哲出版社發行人彭正雄先生及彭雅雲女士等為本書所付出的辛勞致意。

　　　　　　　　　　　　　林明理於臺東市 2016.03

附記：

諾貝爾和平獎的 prof.Ernesto Kahan 2016.3.10 傳來信

　　最親愛的明理

　　非常感謝你為這個郵件有好消息。今天，我將介紹這本書在特拉維夫，我會包括你的評論，我會投影到美國亞特蘭大中國新聞的文章週五，2016 年 3 月 4 日。

　　3 月 8 日，我們有國際婦女節，這主要是為了維護自己的權利的定義，我送你我的尊敬和愛戴。你是一個女大詩人。

　　埃內斯托

Dearest Ming-li

Thank you very much for this mail with great news. Today I will present the book in Tel Aviv and I will include your comment and I will project the article of the U.S. Atlanta Chinese News Friday, March 4, 2016.

On March 8 we had International Women's Day, that primarily it was defined in order to defend their rights, I send to you my respect and love. You are a great poet women.

Ernesto